Langenscheidt

Love on Board
Liebe an Bord

von Christine Spindler

Langenscheidt

Berlin · München · Wien · Zürich · New York

Übungen und muttersprachliche Durchsicht: Carole Eilertson
Lektorat: Gabriele Dietz
Layout: Ute Weber
Coverfoto: Bildagentur Getty Images

www.langenscheidt.de

Umwelthinweis: Gedruckt auf chlorfrei gebleichtem Papier

Druck: Mercedes-Druck GmbH, Berlin
Printed in Germany

ISBN 978-3-468-44110-3

1. 2. 3. 4. 5. * 12 11 10 09 08

One

"I'm writing a **two-liner**", sagte Willow. "Angie, what rhymes with spaghetti?"
Wir hockten auf grünen Plüschsesseln in dem kuscheligen Hinterzimmer, das zu ihrem Stofftierladen gehörte, *Willow's Submarine*. In den Sommermonaten, wenn Touristen die Kensington High Street unsicher machten, war der Laden gerammelt voll. Ebenso in der Vorweihnachtszeit, wenn Willows liebevoll designte und originell verpackte Bärchen, Häschen und Eichhörnchen ein Muss auf dem Gabentisch waren. Jetzt im Februar ging es etwas ruhiger zu, und wir hatten hin und wieder sogar Zeit, unseren Lieblingsbeschäftigungen nachzugehen: Willow nahm an Preisausschreiben teil und ich blätterte mich durch einen Stapel Wissenschaftsmagazine.
Ich dachte kurz nach. Spaghetti, paletti, hm. "Confetti rhymes with spaghetti."
"Brilliant." Willow kritzelte eifrig auf einem Block herum. "Listen to this: A meal without spaghetti is like a carnival without confetti."
"Shakespeare would turn in his grave!"
Willow grinste, füllte die Teilnahmekarte aus und legte sie auf den Stapel zu den anderen. Manchmal gewann sie sogar etwas, so wie neulich das Topf-Set, das mehr Deckel als Töpfe enthielt.
"Next one", sagte Willow. "The first prize is a trip to **Crete**. The question is: What are The **Cyclades**? Insects, islands or mythological creatures?"

---

two-liner ['tuːlaɪnə] Zweizeiler **Crete** [kriːt] Kreta **Cyclades** ['sɪklədiːz] Kykladen

"Islands."
"Right, otherwise the prize wouldn't be a trip to Crete, I guess." Willow seufzte. "Kolokithokeftedes!"
Ich musterte sie besorgt. "You've got the **colic**?"
"No, kolokithokeftedes is a recipe from Crete. Fried **patties** of **mashed** zucchini. They remind me of one of my **honeymoons**."
Willow brachte es mit ihren 36 Jahren bereits auf drei Ehen und somit auf drei Hochzeitsreisen. Leider brachte sie es auch auf drei Scheidungen.
"If you win the trip, we could fly to Crete together", sagte ich. "I badly need a holiday. I've got ... what's the English word for 'Fernweh'?"
Willow hatte immer ein Wörterbuch griffbereit und schlug nach. "Wanderlust."
"But that's German." Ich nahm ihr das Wörterbuch ab. Tatsächlich: Fernweh war übersetzt mit: "wanderlust, **itchy feet**."
Die digitale Ladenglocke spielte "We all live in a yellow submarine", passend zum Namen des Ladens und zur gesamten Einrichtung. Willows Stofftierkreationen hockten als U-Boot-Matrosen an Steuerkonsolen oder lagen in Schlafkojen. Ein Riesenteddy starrte aufmerksam durch ein Periskop.
Ich ging nach dem Kunden sehen, der gerade die Tür hinter sich zuzog, und blieb sofort stehen, als ich ihn erkannte. Es war Timothy, einer von Willows drei Ex-Ehemännern, und zwar der zweite, weswegen sie ihn "Second of Three" nannte. Nach Willows nächster Heirat würde er in "Second

---

colic ['kɒlɪk] Kolik **patty** ['pætɪ] Puffer **mashed** [mæʃt] gestampft **honeymoon** ['hʌnɪmu:n] Flitterwochen **itchy feet** [ˌɪtʃɪ 'fi:t] Reisefieber

of Four" umbenannt werden. Mit diesem System behielt Willow die Übersicht über ihre Verflossenen. Allerdings war und blieb Timothy, egal, wie sie ihn nummerierte, ihre absolute Number One. Die Scheidung von ihm war für Willow extrem traumatisch gewesen. Er hatte sie verlassen, weil sie keine Kinder kriegen konnte. Mit seiner neuen Frau zeugte er ein Kind nach dem anderen, ohne Rücksicht auf Willows Gefühle.

Übung 1: Stimmen die folgenden Aussagen? Kreuzen Sie die zutreffenden Sätze an.

1. ☐ Angie owns a shop called *Willow's Submarine*.
2. ☐ You can buy **diving equipment** at *Willow's Submarine*.
3. ☐ Willow loves entering prize competitions.
4. ☐ Angie and Willow don't like each other very much.
5. ☐ Willow has been married three times.
6. ☐ "Second of Three" is one of Willow's ex-boyfriends.

Die Trennung von Timothy lag zwar vor der Zeit, als ich Willow kennenlernte, aber sie hatte mir ihren Seelenschmerz in so glühenden Farben geschildert, dass ich direkt Angst gehabt hatte, ihm einmal zu begegnen und mich womöglich auf den ersten Blick in diesen anscheinend so unwiderstehlichen Typen zu verlieben. Angst auch deswegen, weil Liebe sich bei mir im Anfangsstadium mit sehr unangenehmen Symptomen äußert. Das erste Mal passierte es mir auf dem Schulhof, als ich in der zehnten Klasse war. Ich hatte damals schon ein paar Freunde gehabt, aber das waren Teenagerfummelflirts gewesen, nichts Ernstes. Und dann sah ich ihn! Er kam über den Hof und lächelte mich an. Einfach

---

diving equipment ['daɪvɪŋ ɪˌkwɪpmənt] Taucherausrüstung

so. Dabei strahlte er etwas aus, das mich dahinschmelzen ließ, und zwar nahezu wortwörtlich. Meine Muskeln wurden zu Pudding. Es war, als würde ich in Zeitlupe in Ohnmacht fallen. Nachdem mein Angebeteter darüber hinweggekommen war, dass ich bei unserer ersten Begegnung vor ihm zusammengesackt war und er den Hausmeister holen musste, damit der den Notarzt verständigte – nachdem das alles überstanden war, wurde er zu meiner ersten großen Liebe.

Doch meine erste Begegnung mit Timothy war völlig unspektakulär verlaufen. Und auch heute bekam ich bei seinem Anblick lediglich einen Knoten im Magen, weil ich fürchtete, Willow könnte ihn bemerken. Nach seinem letzten Besuch in *Willow's Submarine* war sie tagelang untröstlich gewesen, hatte mit sich, dem Schicksal und überhaupt allem gehadert, womit der Mensch hadern kann. Sie hatte sich erst wieder einigermaßen gefangen, als sie im Preisausschreiben einer Fitnesszeitschrift einen Hometrainer gewann. Der stand jetzt bei ihr im Schlafzimmer und wurde standhaft ignoriert, außer wenn Willow mal wieder auf die Wahnsinnsidee verfiel, die Haut an ihren Oberschenkeln zusammenzukneifen. Dann hieß es "Death to **cellulite**", bis sie mit Gummibeinen vom Trimmrad fiel.

"Please leave before Willow sees you", bat ich Timothy. "There are other shops where you can buy soft toys for your kids."

Er klappte seinen Schirm zu und grinste schief, was ihn unverschämt attraktiv aussehen ließ. "But none are like Willow's." Er begann, sich in aller Ruhe die U-Boot-Besatzung anzusehen. Nachdem er sich für Frodo entschieden hatte, einen Affen, der mit seinen braunen Locken und den haarigen Füßen wie

---

cellulite ['seljəlaɪt] Cellulitis

ein Hobbit aussah, meinte er: "Say hello from me to Willow."
"Better not", murmelte ich, schloss die Kasse und ging zurück ins Hinterzimmer.
Glück gehabt. Willow hatte nichts mitgekriegt. Sie hockte immer noch zufrieden über ihrem Preisausschreiben.
Fünf Minuten später meldete sich die Ladenglocke erneut. Diesmal ging Willow, weil ich mich an einem Artikel über schwarze Löcher festgelesen hatte: "How **creases in spacetime** help to measure a black hole's **spin**." Einen ähnlichen Artikel hatte ich neulich eingereicht, aber er war abgelehnt worden. Ich verdiente meinen Lebensunterhalt zwar als "sales assistant in a toy shop", aber wenn man mich nach meinem Beruf fragte, antwortete ich mit "science journalist". Auch wenn die Auftragslage schwierig war und ich mit meinen Artikeln gerade genug dazuverdiente, um mir einmal im Jahr einen schönen, langen Urlaub leisten zu können, so war es doch der Beruf, auf den ich viele Studienjahre lang hingearbeitet hatte.
Willow kam mit einem Stapel Briefe wieder und sortierte sie. "One for you, one for me, two for me, one for our neighbour, another one for you." Sie schob mir zwei Umschläge hin.
Einer war rosa und duftete nach Veilchen. Der stammte von meiner Großmutter, deren Lebensinhalt darin bestand, ihre gesamte Verwandtschaft und einen altersbedingt stetig schrumpfenden Freundeskreis laufend mit Briefen zu beglücken. Ich fand das süß und schrieb ihr jedes Mal zurück, auch wenn der Inhalt ihrer Briefe immer unsinniger wurde.
"My grandma wants to adopt a **character** out of a fairy tale", erzählte ich Willow, nachdem ich den Brief überflogen hatte.

---

crease in spacetime [ˌkriːs ɪn ˈspeɪstaɪm] Raumzeitfalte **spin** [spɪn] Rotation **character** [ˈkærəktə] Figur

"But she can't make up her mind and needs my advice. She**'s torn between Little Red Riding Hood** and **Cinderella**."

"How lovely", rief Willow. "Tell your grandma that she's **sparked off a** wonderful **idea**. I'm going to create a new line of teddy bears and toy rabbits that will look just like fairy-tale characters. **Gorgeous**. That'll be my **money spinner** next Christmas."

Mit kreativen Menschen wird es nie langweilig, dachte ich zufrieden und öffnete den nächsten Brief. Er stammte von meinem Bruder aus München und enthielt eine CD-ROM.

"A new program", freute ich mich. "I must try it out immediately."

Mein Bruder war Programmierer, und da ich wie er den Hang dazu hatte, das Leben spielerisch anzugehen, schickte er mir immer die Beta-Versionen seiner Programme, damit ich sie testen konnte.

Willow fuhr den Laptop hoch, während ich den Brief las.

"It's a program that helps you make **random** holiday choices", sagte ich. "Cool! That's certainly a whole lot better than my old method."

"What's your old method?", fragte Willow. "Do you **throw darts** at a spinning **globe**?"

"Yes, exactly. How did you guess?"

Willow hob eine Augenbraue. "I was only joking."

"But I do throw darts. I always have to throw them many

---

to be torn between two things [biː ˈtɔːn bɪˌtwiːn tuː ˈθɪŋz] zwischen zwei Dingen hin und her gerissen sein **Little Red Riding Hood** [ˈlɪtl red ˈraɪdɪŋ hʊd] Rotkäppchen **Cinderella** [ˌsɪndəˈrelə] Aschenputtel **to spark off an idea** [ˌspɑːk ˈɒf ən aɪˈdɪə] jdn. auf eine Idee bringen **gorgeous** [ˈgɔːdʒəs] herrlich **money spinner** [ˈmʌnɪ ˌspɪnə] Verkaufsschlager **random** [ˈrændəm] zufällig **to throw darts** [ˌθrəʊ ˈdɑːts] Pfeile werfen **globe** [gləʊb] Globus

times over because they tend to hit impossible **spots** in the middle of the ocean or in the Arctic Circle. I've got so many holes in my globe that you could use it as disco lighting."

Ich installierte das Programm in der englischen Version, damit Willow mitlesen konnte. "**Here we go**."

Eine Eingabemaske erschien, in die ich meinen Standort und das Datum eintippte. Danach wurden Vorlieben und Abneigungen abgefragt.

"Do you prefer a climate that is colder/warmer, drier/more **humid** than that of your home country?"

Ich schaute zum Fenster, gegen das ein eisiger Regen prasselte.

"Warmer and drier, that's for sure. Next choice: **duration of flight**. Less than 3 hours, between 3 and 6 hours, between 6 and 9 hours, longer than 9 hours, **no preference**."

Um den Pool an Möglichkeiten möglichst groß zu halten, klickte ich auf "no preference".

Es folgten Fragen nach den Regionen, die man meiden wollte: Krisengebiete, Gegenden, für die Impfungen nötig waren, und Orte, die man schon besucht hatte und nicht noch einmal sehen wollte.

Zuletzt klickte ich auf "Start the random generator".

Ein sich langsam drehender Erdball erschien, Punkte blinkten auf, dazu die Schrift: "Here are all the airports that **suit** your preferences."

Der Erdball drehte sich schneller und schneller, bis man nur noch vorbeihuschende Leuchtstreifen sah. Ein Dartpfeil

---

spot [spɒt] Stelle **Here we go.** [ˌhɪə wɪ ˈɡəʊ] Los geht's. **humid** [ˈhjuːmɪd] feucht **duration of flight** [djʊəˌreɪʃn əv ˈflaɪt] Flugdauer **no preference** [nəʊ ˈprefrəns] *hier:* keine Angabe **to suit sth.** [suːt] zu etw. passen

kam herangeflogen und hielt in der Mitte des Bildschirms inne, darunter stand: "Press *Enter* to throw the dart."
"Hey, that's cool", sagte Willow. "Your brother's simulating your old method. But I guess you only have to throw the dart once as it will **home in on** one of the blinking lights."
Ich drückte die Eingabetaste, der Pfeil flog, die Erde hörte auf, sich zu drehen, und in grellen Buchstaben erschien auf dem Bildschirm: "Your destination is: Australia, Sydney, Kingsford Smith International Airport. Have a lovely holiday."
"Well, Sydney it is!" Ich klatschte begeistert in die Hände. "Is it all right if I take two weeks off in March?"

Übung 2: Wie gut kennen Sie Australien? Testen Sie Ihre Kenntnisse und kreuzen Sie an.

1. What is the second most widely spoken European language in Australia after English?
   - **a.** ☐ Italian
   - **b.** ☐ Spanish
   - **c.** ☐ German
2. What is the capital of Australia?
   - **a.** ☐ Sydney
   - **b.** ☐ Melbourne
   - **c.** ☐ Canberra
3. Which of the following Australian tourist attractions is **bogus** (i.e. does not exist)?
   - **a.** ☐ Sydney Harbour Bridge
   - **b.** ☐ The Great Barrier Reef
   - **c.** ☐ Kiwi Caves

---

to home in on sth. [ˌhəʊm ˈɪn ɒn] auf etw. treffen **bogus** [ˈbəʊgəs] frei erfunden

4. Which of the following animals is not **native** to Australia?
   a. ☐ the kangaroo
   b. ☐ the koala
   c. ☐ the fox
5. Which English captain arrived in Australia in 1770?
   a. ☐ Captain James T. Kirk
   b. ☐ Captain James Cook
   c. ☐ Captain Jack Sparrow
6. The native Australians are known as
   a. ☐ Native Australians
   b. ☐ Aboriginal Australians
   c. ☐ Aussies

Willow runzelte die Stirn. "I thought you were only testing the program."
"Sure, but the test includes a trip to Sydney. How else could I tell if the program is any good?"
"What about our trip to Crete?"
Ich grinste. "You haven't even won it yet."
Kopfschüttelnd meinte Willow: "This is a very strange way to make decisions, you know. What if the holiday turns out to be a complete failure?"
"Then I can **blame** the program instead of blaming myself. When you plan something carefully and it goes wrong, it's a lot worse."
"You're right." Sie nickte langsam. "You're absolutely right. If I had picked my husbands by random choice, the **divorces** would have been less traumatic!"

---

native ['neɪtɪv] heimisch **to blame sth.** [bleɪm] die Schuld auf etw. schieben **divorce** [dɪ'vɔːs] Scheidung

Two

Drei Wochen später packte ich meinen Koffer. Willow war gekommen, um mich zum Flughafen zu bringen. Sie wirkte etwas irritiert, als sie mich im Schlafzimmer in einem Haufen Klamotten wühlen sah.

Sie nahm ein gelbes T-Shirt hoch, das auf der Vorderseite eine Verfärbung hatte, weil ein Tomatensaftfleck nicht rausgegangen war. Als Nächstes griff sie nach einer Jeans, bei der sich die Beininnennaht öffnete.

"You're the exact opposite of an organized person", stellte sie fest. "We have to leave in half an hour and you**'re sorting out** clothes for *Oxfam*." Sie sah sich suchend um. "And where is your luggage?"

Ich deutete auf den Kleiderhaufen. "This *is* my luggage."

"You mean you haven't even started packing yet? I always pack days if not weeks ahead." Sie befingerte den abgestoßenen Kragen einer Bluse. "And these aren't sensible clothes. If you ask me, they're a **bunch** of **rags**!"

"They're clothes I don't wear any longer. Instead of throwing them away I put them away in a chest of drawers. It makes packing my suitcase a **piece of cake**."

Ich zog den Koffer unter dem Bett hervor, klappte ihn auf, zupfte aus dem Haufen ein paar Unterhosen, Shirts und Blusen, einen Pulli, ein Kleid, zwei Hosen und einen Bikini, legte alles schludrig zusammen und beförderte es in den Koffer. Dazu kam noch ein Plastikbeutel aus dem Bad, in dem ich Seifenreste, Creme- und Shampoo-Pröbchen gesammelt hatte.

---

to sort out sth. [ˌsɔːt ˈaʊt] etw. aussortieren **bunch** [bʌntʃ] Haufen
rag [ræg] Lumpen **piece of cake** [ˌpiːs əv ˈkeɪk] Kinderspiel

"Done."
"But you have to pack at least two or three really beautiful items", bekniete mich Willow.

Übung 3: Unterstreichen Sie die korrekte Form des Verbs bei den folgenden Konstruktionen mit "if" und "when".
You're some **eye-candy**, you know. If I **1.** *(have/had)* your silky black hair and your perfect body, I **2.** *(will/would)* be ecstatic. When you **3.** *(wear/wore)* feminine clothes, you **4.** *(will look/look)* absolutely irresistible. Why would you want to run around in rags?"
"By just packing old clothes, the loss won't be so great if my luggage **5.** *(happens/was happening)* to go missing or get stolen." Ich schloss den Koffer. "The only people I'll meet will be strangers anyway. So who cares?"
"But what if you **6.** *(will meet/meet)* a gorgeous man?"

Ich grinste. "Then I'll take off the rags as quickly as I can."
"You're impossible."
"I don't go on holiday to **be gaped at**. I go to look at interesting things, places and people."
Ich machte noch eine Runde durch meine winzige Zweizimmerwohnung und drückte jeder Pflanzen einen Kuss auf ein Blatt.
"Is that some kind of good luck ritual?", wollte Willow wissen.
"No, it's something my grandma recommended. She wrote in one of her letters that talking to flowers makes no sense as they haven't got any ears. But she was sure that they enjoyed **being** kissed and **stroked**."

---

eye-candy ['aɪkændɪ] Augenweide **to be gaped at** [bi: 'geɪpt ət] angestarrt werden **to be stroked** [bi: 'strəʊkt] gestreichelt werden

Meine Großmutter hatte anscheinend recht. Seit ich meinen Topfpflanzen neben Wasser und Dünger auch Streicheleinheiten verabreichte, blühten sie auf, im wahrsten Sinne des Wortes.

Willow wirkte peinlich berührt. "I hope you don't expect me to do that while you're gone."

"If you water them once a week they'll be fine."

Ich trug den Koffer in den Flur.

Willow deutete auf die Handtasche, die an einem Haken an der Wohnungstür hing. "Don't tell me that that tiny thing is your **carry-on luggage**."

"It is. My comb and lipstick are in it as well as my visa, my passport, my credit card and the flight ticket. That's all I need."

Willow holte tief Luft und legte los: "What about something to read for the long flight? What about sunglasses and chewing gum? What about a sandwich and a bottle of water? A pen and paper in case you want to write something down? **Panty liners**? Sun block?"

"Sounds like my monthly shopping list."

Unbeirrt fuhr sie fort: "**Tissues**, camera, an address list of all the people you want to send picture postcards to. And of course you'll need a travel guide. Oh, and don't forget the **vouchers** for the hotel and **rental car**."

"Willow, I didn't book a hotel room and I didn't rent a car. I've made no plans and bookings whatsoever." Ich ging in Gedanken alles durch, was ich im Erste-Hilfe-Kurs gelernt hatte, denn Willow sah aus, als müsste ich sie gleich in eine

---

carry-on luggage [ˈkærɪɒn ˌlʌgɪdʒ] Handgepäck **panty liner** [ˈpæntɪ ˌlaɪnə] Slipeinlage **tissue** [ˈtɪʃuː] Papiertaschentuch **voucher** [ˈvaʊtʃə] Buchungsbeleg **rental car** [ˈrentl kɑː] Leihwagen

stabile Seitenlage bringen. “I’m just going to follow my **whims**.”
Sie sah zwischen dem Koffer, der Handtasche und mir hin und her. “It’s a miracle to me that you managed to move to London and get a job when I see how chaotic you are.”
“I came to London on a whim, too.” Ich schloss die Wohnung ab und wir gingen die Treppe runter. “I felt like moving away from Munich, so I wrote the names of all the cities that interested me on different pieces of paper. Then I folded them, put them in a hat and drew one out. I could just as easily have moved to Amsterdam, Rome, Barcelona, Paris or Copenhagen.”
Genauso hatte ich mich vom Zufall leiten lassen, als ich mit 19 Jahren eine Stelle als Au-pair-Mädchen gesucht hatte. Ich war damals in Oxford bei der Familie eines Physikprofessors gelandet. Das hatte nicht nur meine Berufswahl stark beeinflusst, sondern auch zur Folge gehabt, dass ich nahezu akzentfrei Englisch sprach.
Ich stellte den Koffer auf den Rücksitz von Willows Kombi, der immer voller Flusen war, egal, wie oft sie ihn saugte, weil sie darin die Plüschstoffe in die Näherei transportierte und die fertigen Stofftiere abholte.
“It was pure chance that I ended up in London. And it’s worked out nicely, hasn’t it? So don’t worry. I’m going to have a great time down under.”
Willow warf noch einen Blick tiefen Bedauerns auf den Rücksitz, wo mein Koffer mit meiner persönlichen Altkleidersammlung stand, dann fuhr sie los. Ich lebte seit fast einem Jahr in London, aber an den Linksverkehr hatte ich mich immer noch nicht gewöhnt. Besonders schlimm

---

whim [wɪm] Laune

war es im Kreisverkehr, den man hier im Uhrzeigersinn fährt. Ich fühlte mich dann immer, als wäre ich in einem Universum gelandet, in dem alles gespiegelt war. Weil ich gerade Zeit hatte, spann ich den Gedanken etwas weiter aus.

"What if the entire universe, every single atom, every photon, absolutely everything, were turned around like a mirror reflection. What if it all happened in an instant? Left would become right and right would become left. Would we be able to tell the difference? I don't think so, because we would be turned around too. All our reference points would be the other way round. Yes, I'm pretty sure we wouldn't notice. It's an interesting thought though. Maybe the universe is constantly switching from left to right and right to left and we have no idea. It could be **pulsating**, **oscillating** ... flipping sides **incessantly** and we would be none the wiser. Fascinating, huh?"

Übung 4: Benennen Sie das Gegenteil der folgenden Adjektive.

1. lucky ________________

2. feminine ________________

3. resistible ________________

4. humid ________________

5. better ________________

6. right ________________

---

to pulsate [pʌl'seɪt] pulsieren **to oscillate** ['ɒsəleɪt] schwingen
incessantly [ɪn'sesntlɪ] unablässig

"Totally **weird**", meinte Willow.
Wenn es etwas gab, das ich in London vermisste, dann waren es meine Freunde aus Studientagen, mit denen ich verrückte Theorien bequatschen konnte. "I'm going to write an article about it. But first, I need to talk it through with somebody. As soon as I'm back from Sydney, I'll ring up some of my **physicist friends**."
Willow schüttelte grinsend den Kopf. "You must have your grandmother's genes."
"Could be. I wrote her a letter and told her that I was flying to Sydney. Her reply was: Be careful not to fall off the Earth."
"Why's that?"
"She thinks everything is upside down in Australia." Und sie hatte inzwischen Schneewittchen adoptiert. Aber das erzählte ich Willow lieber nicht, sie hielt meine Familie sowieso schon für verrückt genug.
"I wish I had nerves of steel like you", sagte Willow, als sie vor Terminal 3 in der Kurzparkzone hielt. "It was bad enough driving to the Toy Fair last autumn. My nerves **were on edge.**"
Bis zu diesem Zeitpunkt war ich auch noch die Ruhe selbst gewesen. Ich bin meisterlich darin, Reisefieber zu verdrängen, jedenfalls so lange, bis es richtig losgeht. Und jetzt war es wohl so weit. Meine Hände zitterten, als ich mich abschnallte.
Willow bemerkte es. "What's the matter? You**'re** not **scared** of flying, are you?"
"Not in the least", behauptete ich. "I've flown so often that it's just routine."

---

weird [wɪəd] verrückt **physicist friend** [ˈfɪzɪsɪst ˌfrend] Physikerfreund **to be on edge** [biː ˌɒn ˈedʒ] nervös sein **to be scared** [biː ˈskeəd] Angst haben

Als ich den Koffer auslud, rutschte er mir aus den feuchten Händen und fiel mit der Kante auf den Bordstein. Der Deckel klappte auf. Ich wollte mich bücken, aber Willow war schneller. Sie stopfte alles wieder hinein und drückte energisch die Schlösser zu. "You *are* scared", stellte sie fest. "What was your longest flight so far?"
"Three hours."
"And have you always flown with a friend?"
"Sure."
"So this is the first time you'll be flying alone, and the flight is going to take more then twenty-two hours."
Musste sie das erwähnen? Ich war innerlich zugegebenermaßen etwas zittrig, und davon wurde es bestimmt nicht besser. "So what?"
"I know you. You have a habit of **repressing** your fears."
"What fears? I don't know the meaning of fear."
Jemand hupte. Willow machte dem Fahrer ein Zeichen, er solle sich woanders einen Parkplatz suchen. "Well, what about spiders then?"
Ich war mal kreischend davongerannt, als Willow mir die Samtspinne aus ihrer neuen **Creepy-Crawlies**-Kollektion gezeigt hatte.
"Everybody screams when they see a spider", sagte ich. "And I'm no exception. But it's not fear as such - just some kind of automatic response. And Samantha, the creepy spider you made, looked really real."
"A spider with green, **bulging eyes**?" Willow schüttelte den Kopf. "Oh, Angie!"
"Okay, admittedly I feel a little bit nervous right now. But

---

to repress sth. [rɪ'pres] etw. unterdrücken **creepy-crawly** ['kriːpɪˌkrɔːlɪ] Krabbeltier **bulging eye** [ˌbʌldʒɪŋ 'aɪ] Glupschauge

it's just last-minute nerves. Nothing serious. And, **come to think of it**, don't you agree that flying is a very unnatural way of getting around? If God had wanted us to fly, he'd have given us wings or rotors or something, right?" Ich hatte ja auch nicht den Drang zum Tiefseetauchen, das war etwas für Rochen. Warum mussten Menschen sich ständig andere Lebensräume erobern?

"Okay, here's my suggestion." Willow drückte mir energisch den Koffer in die Hand. "Since nothing can be done about the duration of the flight, at least try to find someone to ... well, to protect you. Look at the other passengers on your flight and pick a **trustworthy-looking** one, and ask if you can sit next to him. Then you'll at least have someone to cling to if you go into a panic attack."

"Great idea. I'll do just that." Ich pappte Willow einen Kuss auf die Wange, dann drehte ich mich um, atmete tief durch und ging einchecken.

Ihre Idee war natürlich völliger Quatsch. Sollte ich etwa jemanden fragen: "Sorry, can I sit next to you and **squeeze** your hand during the flight?"

Ich stellte mich an die kürzeste Schlange der Schalter von Qantas Airways und ertappte mich dabei, dass ich das Pärchen vor mir optisch auf ihre Beschützerqualitäten durchcheckte. Der Mann war schätzungsweise Anfang dreißig. Da er seine Jacke ausgezogen und über den Kofferkuli gelegt hatte, konnte ich die Muskeln sehen, die sich unter seinem engen, hellblauen Hemd abzeichneten. Das waren eindeutig keine im Fitness-Studio in endlosen Übungswiederholungen antrai-

---

come to think of it [ˌkʌm tə 'θɪŋk əv ɪt] da fällt mir gerade ein
trustworthy-looking ['trʌstwɜːðɪlʊkɪŋ] vertrauenswürdig aussehend
to squeeze sth. [skwiːz] etw. drücken

nierten und mit Eiweißdrinks hochgezüchteten Muskeln. Sie waren sozusagen natürlich gewachsen während einer Kindheit und Jugend voller sportlicher Aktivitäten. Für so etwas hatte ich einen Blick, weil ich während meines Studiums unter anderem als Vitaminfee an der Bar eines Fitness-Studios gejobbt hatte. Seine kurzen Haare waren dunkelblond. Als er etwas zu seiner Begleiterin sagte, drehte er den Kopf und ich konnte sein Profil sehen: markant, aber nicht zu kantig, mit Lachfältchen im Augenwinkel und Grübchen. Seine Stimme hatte einen warmen, Vertrauen einflößenden Klang.

Übung 5: Bringen Sie die folgenden Ereignisse in eine chronologische Reihenfolge und setzen Sie die Verben ins Simple Past.

a. ☐ The computer *(select)* ___________ a holiday destination for her.

b. ☐ Willow *(drive)* ___________ Angie to the airport.

c. ☐ Angie *(admit)* ___________ that she was feeling a little nervous.

d. ☐ Angie *(book)* ___________ a flight to Sydney, Australia.

e. ☐ Angie *(notice)* ___________ an interesting-looking man standing in the queue to the check-in counter.

f. ☐ Angie *(pack)* ___________ a bag full of "rags".

g. ☐ Angie *(ask)* ___________ Willow for some time off.

h. ☐ Angie *(try)* ___________ out a computer program her brother had sent her.

i. ☐ Angie *(join)* ___________ the queue.

j. ☐ Willow *(advise)* ___________ her to try and find a "protector".

Die Frau neben ihm war etwa in meinem Alter, Ende zwanzig, und hatte auch meine Größe und Statur. Doch sie wirkte größer durch ihre aufrechte Körperhaltung und die muskulösen Schultern. Während man mich gern als zierlich bezeichnet, hätte man sie als drahtig, sehnig und durchtrainiert beschrieben. An ihr war alles straff: die Pose, die solariumsgebräunte Haut und der Zopf, zu dem sie ihre langen, braunen Haare geflochten hatte.
Ich dachte grinsend: Wo haben Angelina und Brad denn ihre Adoptivkinder gelassen?
Hinter mir biss jemand krachend in einen Apfel. Ich wollte mich gerade umdrehen, um mir auch diesen Mitflieger genauer anzusehen, da sah ich aus dem Augenwinkel, wie eine Hand in die Gesäßtasche des Mannes vor mir fuhr und die Brieftasche rauszog.
Der Apfelesser hinter mir hatte es auch bemerkt und boxte den Brad-Pitt-Verschnitt über mich hinweg auf die Schulter. "Hey, young man, that boy's stealing your wallet."
Ich reagierte wie der Blitz. Ich schnappte den angebissenen Apfel, holte aus, zielte und warf nach dem Dieb.
Ich war in der Schule im Sport immer eine Null gewesen. Seitenstechen war mein zweiter Name. Am Stufenbarren hing ich wie Wäsche auf der Leine. Und beim Weitsprung übertrat ich grundsätzlich. Es war mir ein Rätsel, wie man schon beim Anlaufnehmen wissen sollte, wie groß die Schritte sein mussten, damit man genau das Absprungbrett traf. Als ich es einmal aus Versehen hinbekam, war ich so baff, dass ich der

Länge nach in den Sand plumpste. Aber all diese Schmach konnte ich ausbügeln, sobald ein Ball ins Spiel kam. Beim Völkerball nannte man mich nur den Terminator.
Der Apfel traf den Dieb genau im Mittelscheitel.
Fünf Minuten später war der ganze Zauber vorbei. Brad hatte seinen Geldbeutel wieder, die Flughafen-Security hatte den Dieb abgeführt und der Apfelesser biss ersatzhalber in eine Banane. Das Einchecken konnte weitergehen.
Da wir bei der Security unsere Personalien hatten angeben müssen, wusste ich jetzt, das Angelina und Brad in Wirklichkeit Cassandra Furlan und Jet Corman hießen. Jet bedankte sich immer wieder bei mir, bis seine Freundin ihn anblaffte: "Oh, **cut it out**, Jet. You're going on as if she just saved your life!"
Die Blicke, die sie mir entgegenschleuderte, waren Eifersucht pur. Dabei wollte ich doch gar nichts von ihrem Freund. Wenn er mein Typ gewesen wäre, hätte ich keinen Apfel werfen können, weil die Liebe mich mal wieder dahingerafft hätte. So wie beim zweiten Mal, als ich mich verliebte. Auch da war ich ohne Vorwarnung zu Pudding geworden. Es war bei meiner ersten Vorlesung am allerersten Tag meines Journalistikstudiums. Ein anderer Student – so neu an der Uni wie ich – setzte sich neben mich und fragte mich etwas. Die Frage bekam ich nicht mit, denn in meinen Ohren rauschte es und meine Muskeln versagten mir den Dienst. Ich rutschte unter den Tisch. Wieder musste ein Notarzt alarmiert werden. Wieder war es der Beginn einer großen Liebe, die leider nur ein Semester lang hielt.
"If she hadn't thrown that apple, I would have run after the thief", sagte Cassandra.

Cut it out. [ˌkʌt ɪt ˈaʊt] Hör auf!

Übung 6: Was passt? Ordnen Sie die Substantive den Verben zu, indem Sie den richtigen Buchstaben eintragen.

1. to save	☐	**a.** your fears
2. to make	☐	**b.** an idea
3. to hit	☐	**c.** your whims
4. to **deny**	☐	**d.** a life
5. to follow	☐	**e.** a suggestion
6. to spark off	☐	**f.** a **target**

Aha, daher wehte der Wind. Es passte ihr nicht, dass ich zierliches Mäuschen ihr die Show gestohlen hatte.
Als die beiden ihre Bordkarten bekommen hatten und ich an der Reihe war, fragte ich die Dame am Schalter: "Is the seat next to Mr Corman still **vacant**?" Ich hatte ihn zu meinem Beschützer erkoren, und sei es nur, weil das Cassandra bestimmt ärgern würde.

Three

Am Gate entdeckte ich Jet Corman nach kurzem Suchen wieder. Er las, während Cassandra telefonierte. Ich stand eine Stuhlreihe entfernt und musste mich ziemlich verrenken, um den Titel des Buchs zu erkennen. "Nova Spacetwister – The Caves Beyond Time". Das klang nach Science Fiction und versprach somit reichlich Gesprächsstoff während des langen Flugs, hatte ich doch von Jules Verne über Isaac Asimov bis Douglas Adams alles an Sci-Fi verschlungen, was mir in die Hände fiel.
Irgendwie hatte ich jedes Mal ein hüpfendes Gefühl in der

---

to deny [dɪˈnaɪ] leugnen **target** [ˈtɑːgɪt] Ziel **vacant** [ˈveɪkənt] frei

Magengegend, wenn ich ein Flugzeug landen oder starten sah. Ich ging hinüber zu den Panoramascheiben, um mir das aus kürzester Entfernung anzusehen. Was für ein unnatürlicher Anblick, wie sich diese Metallkisten in die Lüfte erhoben. Wollte ich mich wirklich mehr als zwanzig Stunden lang so einem Teil anvertrauen? Weil ich gerade nichts anderes zu tun hatte, stellte ich mir eine Reihe von Naturkatastrophen vor, die verhindern würden, dass das Flugzeug startete. Erdbeben und Vulkanausbrüche waren in London zwar nicht zu erwarten, aber ausmalen darf man sich ja, was man will. Ich ließ in Gedanken unter anderem einen wahren Meteoritenschauer auf die Rollbahn herunterprasseln, und schon fühlte ich mich in Sicherheit. So bekam ich die Zeit bis zum Boarding herum. Dann wurde es ernst. Ich hätte mich am liebsten an Jet Cormans Jackenärmel gehängt, aber ich riss mich zusammen und ging so würdevoll wie möglich an Bord. Erst als mir klar wurde, dass ich einen Fensterplatz hatte, zitterten meine Knie. Ganz schön albern. Wie musste sich da erst jemand fühlen, der tatsächlich an Flugangst litt.

Cassandra und Jet waren noch dabei, ihr Handgepäck zu verstauen. Das brauchte ich nicht zu tun, denn ich hatte ja nur die winzige Handtasche dabei, mit der Willow wahrscheinlich nicht mal aufs Klo gegangen wäre. Ich wartete, bis die beiden fertig waren, und sagte dann großmütig: "One of you can have the window seat. I prefer to sit next to the **aisle**, anyway."

Cassandra warf mir einen vernichtenden Blick zu. Ich hoffte, sie würde diesen Blick wiederholen, falls Terroristen das Flugzeug zu entführen versuchten. "If you wanted an aisle seat, why didn't you ask for one? I always sit next to the aisle

---

aisle [aɪl] Gang

because I can't sit still for long stretches of time. I need to exercise my muscles."

"Uh", war meine beredte Antwort. Der Vorteil mangelnder Schlagfertigkeit liegt immerhin darin, dass einem auf so eine Bemerkung niemand widersprechen kann.

Hinter uns hatte sich ein Stau gebildet.

Jemand knuffte mich in den Rücken. "Do sit down, **for heaven's sake**."

"You can have my seat", bot Jet an.

"No way", ging Cassandra dazwischen. "She's not going to sit between us."

Jet sah sich suchend um. "Maybe there's an aisle seat vacant somewhere else."

Da die Passagiere größtenteils noch in Bewegung waren, konnte er natürlich nicht feststellen, welche Plätze noch frei waren. Es war eine Patt-Situation, denn keine zehn Pferde, selbst wenn sie so streng dreinschauten wie Cassandra Furlan, würden mich dazu bringen, mich ans Fenster zu setzen.

Zum Glück fiel mir ein wunderbares Argument ein. "If I have to **throw up**, it would be better if I were sitting next to the aisle. That way I could get away to the toilet quickly. I usually miss when I try to **vomit** into a bag."

Nun wollte Cassandra natürlich so viel Platz wie möglich zwischen sich und mich bringen. Sie setzte sich murrend ans Fenster, Jet nahm den Platz in der Mitte und ich hatte meinen Gangplatz erobert.

"So, you're afraid of flying?", erkundigte sich Jet.

"I hope you're not going to scream when we take off", sagte Cassandra böse.

For heaven's sake! [fə ˌhevnz ˈseɪk] Um Himmels willen! **to throw up** [ˌθrəʊ ˈʌp] sich übergeben **to vomit** [ˈvɒmɪt] kotzen

Ich lächelte tapfer. "I'll try not to make a sound as I die of fear." Das war natürlich mächtig übertrieben, aber ich appellierte damit an Jets Beschützerinstinkt. Alles reine Taktik. Ich war die Ruhe selbst, wenn man von dem Grummeln in meinen Gedärmen absah, dem Herzklopfen und den weichen Knien, die im Sitzen aber nicht wirklich zählten.

Übung 7: Setzen Sie die angegebenen Substantive ein. *(sacrifice, reason, grandma, flight, destination, holiday, truth, fear)*

Jet erkundigte sich einfühlsam: "You must have an urgent **1.** ___________ for overcoming your **2.** ___________ and going on this long **3.** ___________."

"To tell you the **4.** ___________, it's just a **5.** ___________."

"So you're longing to see Australia so much that you're prepared to make a **6.** ___________."

"Actually, I picked the **7.** ___________ at random."

Er lächelte. "You remind me of my **8.** ___________ Clara."

Cassandra rollte mit den Augen. "Don't start with Clara again. I've had to listen to a million stories about her and **I'm** quite **fed up with** her."

"She's a bit crazy, but quite funny too. And very **adventurous**", sagte Jet zu mir. "She's 75 years old but she doesn't look her age at all." Dabei grinste er breit. "You'll see, dar-

---

sacrifice [ˈsækrɪfaɪs] Opfer **to be fed up with sb.** [biː ˌfed ˈʌp wɪð] von jdm. genug haben **adventurous** [ədˈventʃərəs] abenteuerlustig

ling", wandte er sich Cassandra zu, die kopfschüttelnd aus dem Fenster sah.
Als das Flugzeug sich in Bewegung setzte und die Turbinen lauter wurden, hätte ich zu gern nach Jets Hand gegriffen, aber dann hätte Cassandra mich vermutlich eigenhändig auf die Tragfläche befördert. Stattdessen umklammerte ich die Lehne. Meinen Sicherheitsgurt hatte ich so straff gezogen, dass ich mich mit dem Sitz zu einer Einheit verwachsen fühlte.
"Are you going to sit like this for the whole flight?", fragte Cassandra. "You look like you're frozen in time."
In meinem Zustand gesteigerter Wahrnehmung – ich musste schließlich darauf achten, dass die Triebwerke störungsfrei liefen – konnte ich trotz des hohen Geräuschpegels hören, wie Jet ihr zuraunte: "Please, Cassie, don't **upset** her."
Ich bemühte mich zu lächeln, was mit fest aufeinandergepressten Zähnen gar nicht so leicht war.
Warum sagt man eigentlich: Die Zeit vergeht wie im Fluge? Für mich verging sie beim Fliegen unendlich zäh. Die meisten Passagiere vergnügten sich bereits mit einem Bordfilm.
Jet, hilfsbereit, wie ich ihn inzwischen kannte, beugte sich zu mir herüber: "Shall I show you how to handle the video screen?"
"Thanks, I can handle it perfectly well. But I don't feel like watching a film just now. Watching films just makes me aware of the fact that they never show films on board that make even a passing **reference** to a plane crash."
Er grinste. "Too true. Films like 'The Flight Attendant Killed the Pilot' or 'How we got Hijacked and Survived to Tell the Tale' would never be shown."
Er war nicht nur zuvorkommend, sondern hatte auch

---

to upset sb. [ˌʌp'set] jdn. verärgern **reference** ['refrəns] Anspielung

Humor. Da hatte ich mir ja ein Prachtexemplar von einem Beschützer ausgesucht.
“Maybe you could try to get some sleep”, schlug er vor.
“I never sleep during flights. The very thought of waking up in the middle of an emergency, feeling all **disoriented** and helpless, horrifies me.”
Die erste Bordmahlzeit wurde serviert und schon kam es zu Turbulenzen, zum Glück nicht aerodynamischer Natur.
“I ordered vegetarian”, sagte Cassie.

Übung 8: Welches Wort passt nicht? Unterstreichen Sie den jeweils nicht in die Aufzählung gehörenden Begriff.

1. potato, pork, pear, **pine nut**
2. creepy-crawly, cat, **canary**, camel
3. afraid, scared, terrified, thrilled
4. ugly, handsome, good-looking, sexy
5. scream, shout, whisper, call out
6. aisle, aunt, uncle, cousin

Die Flugbegleiterin fragte sie nach ihrem Namen und schaute auf einer Liste nach. “I’m sorry, but I’m afraid we don’t seem to have a booking for vegetarian food in your name.”
Jet zog schuldbewusst den Kopf ein. “Oops, I’m afraid I forgot to book it.”
“I reminded you at least three times.” Cassies Stimme wurde schrill. “What am I going to eat now?”
“We could **swap**. I’ll eat your **cutlet** and you can have my vegetables.”

---

disoriented [dɪsˈɔːrɪəntɪd] orientierungslos **pine nut** [ˈpaɪn nʌt] Pinienkern **canary** [kəˈneərɪ] Kanarienvogel **to swap** [swɒp] tauschen **cutlet** [ˈkʌtlət] Schnitzel

"I want a good, solid vegetarian meal and not just a double **helping** of **side dishes**."
Nach einigem Hin und Her ging die Flugbegleiterin nachsehen, ob es noch ein überzähliges vegetarisches Menü gab, was zum Glück der Fall war, denn Cassie hätte sonst womöglich darauf bestanden, umzudrehen und zurückzufliegen.
Ich aß nur den Joghurt und knabberte einen Keks. Nachdem abgeräumt worden war, schielte ich zu dem Buch, das Jet vor sich in die Ablage gesteckt hatte.
Er bemerkte meinen Blick, deutete ihn richtig und fragte: "Would you like to read it?"
"Yes, please."
Ich las den Klappentext:

Nova Spacetwister – The Caves Beyond Time
Aaron Arkvard Angusson
Nova Spacetwister is the youngest Starship Captain ever. At 15 years of age, she already commands a crew of 17, two members of which are hyperintelligent dogs. On returning from her first mission, she is shocked to find that her home planet has undergone a drastic change. The solar system has been affected by the energy of a black hole and the planet Earth has undergone a **dimensional split**. On the northern hemisphere, space has shrunk and there is hardly room for the people to live. Time, however, has expanded and the days **stretch out** almost endlessly. The southern hemisphere **is struggling with** the opposite

---

helping ['helpɪŋ] Portion **side dish** ['saɪd dɪʃ] Beilage **dimensional split** [daɪˌmenʃnəl 'splɪt] Dimensionsriss **to stretch out** [ˌstretʃ 'aʊt] sich ausdehnen **to struggle with sth.** ['strʌgl wɪð] mit etw. kämpfen

problem. There, the day is only a few minutes long but the space where people live is **vast** and the **horizon** is far away.
Nova decides not to land because then she and her crew would also be **trapped**. In her desperate **quest** for a way to repair the **rift** between the hemispheres she gets drawn into a dangerous place known as the **caves** beyond time – an area where the laws of nature shift around at random. Can Nova save herself, her crew and mankind (not to mention the two hyperintelligent dogs) before the entire planet is **ripped apart** by **temporal distortion**?

Das klang völlig verrückt und war damit die ideale Ablenkung. Ich vertiefte mich in die Lektüre und tauchte erst wieder daraus auf, als die Flugbegleiterin mich fragte, welchen Kuchen ich wollte. Gab es schon wieder etwas zu essen? Ich sah auf die Uhr. Zwei Stunden waren seit dem Start vergangen.
“I’m glad there’s no such thing as vegetarian and non-vegetarian cakes”, alberte Jet.
Die Flugbegleiterin beugte sich über ihn, um Cassie ein Stück Kuchen zu reichen. Ich bin sicher, Flugbegleiterinnen werden darin ausgebildet, sich so über Leute zu beugen, dass sie sie nicht berühren, vor allem dann, wenn sie mit einer ansehnlichen Oberweite aufzuwarten haben. Trotzdem gab es da einen kurzen Kontakt zwischen Jets Stirn und ihrer Bluse. Das wäre nicht weiter bemerkenswert gewesen,

---

vast [vɑːst] riesig **horizon** [həˈraɪzn] Horizont **trapped** [træpt] gefangen **quest** [kwest] Suche **rift** [rɪft] Kluft **cave** [keɪv] Höhle
to be ripped apart [biː ˌrɪpt əˈpɑːt] auseinandergerissen werden
temporal distortion [ˌtempərəl dɪsˈtɔːʃn] Zeitverzerrung

wenn Cassie nicht sofort losgezickt hätte. "Did you have to **bend forward** so far that your head was practically **nestling** between her breasts?"
"It was just pure chance."
"You **stare at** her each time she walks past."
"I'm sorry, I didn't mean to stare."
"You could close your eyes", warf sie ihm vor.
Ich blendete das sinnlose Gezanke aus, vertilgte den Käsekuchen, trank ein bisschen Tee und begleitete Nova Spacetwister weiter in die "caves beyond time". Als die Erde schließlich gerettet war – und zum Glück auch die beiden hyperintelligenten Hunde –, stritten Jet und Cassie entweder schon wieder oder immer noch. Das heißt, Cassie stritt und Jet beschwichtigte.
"You think I can't **compete with** your family", regte sie sich auf. "They're all so brilliant and exceptional and whatnot. Just because I haven't studied science and don't come from an academic background, it doesn't mean I'm an idiot."
"I've never said that."
"But that's what you meant. You just don't have the **guts** to speak your mind."
So ging es eine Weile. Als endlich eine Pause entstand, reichte ich Jet das Buch zurück. "Thanks, it was fantastic."
"My mother **publishes** them. Have you ever heard of *Crazy Bookz*? That's her publishing house in Sydney. She's incredibly successful."
"Oh yeah, **rub it in**", kam es von Cassie. "Everybody in your

---

to bend forward [ˌbend ˈfɔːwəd] sich vorbeugen **to nestle** [ˈnesl] kuscheln **to stare at sb.** [ˈsteər ət] jdn. anstarren **to compete with sb.** [kəmˈpiːt wɪð] mit jdm. mithalten **guts** [gʌts] Mumm **to publish** [ˈpʌblɪʃ] veröffentlichen **to rub it in** [ˌrʌb ɪt ˈɪn] auf etw. herumreiten

family is **outstanding** in some way or other. It's **disgusting**."
So ging es noch eine ganze Weile, bis es wieder etwas zu essen gab.

Four

Das Problem mit Zwischenlandungen ist, dass danach wieder ein Start erfolgt. Als wir in Hong Kong abhoben, schlief Cassie. Das nutzte ich schamlos aus und umklammerte Jets Handgelenk, als das Flugzeug wieder die Startbahn entlangraste.
"Would you like to read another book?", fragte Jet, als ich meine Umklammerung löste.
"Thanks, but I think I'm too tired to read."

Übung 9: Setzen Sie folgenden Präpositionen an der richtigen Stelle ein.
(of, in, between, up, with, on)

"Then try to get some sleep. I promise to wake you **1.** _______ time if there's an emergency. You won't miss a thing."

Ich mochte es, wie er Witzchen über mein kleines Flugproblem machte, ohne dabei respektlos zu werden. "I can't sleep this high **2.** _______ in the air **3.** _______ nothing **4.** _______ me and the ground."

---

outstanding [ˌaʊtˈstændɪŋ] unvergleichlich **disgusting** [dɪsˈgʌstɪŋ] abstoßend

“Actually, there’s plenty **5.** _______ air between us and the ground. A real thick layer that’s very firm and reliable. You can rely **6.** _______ that. Believe me – I’m a scientist.”

“What kind of science?”
“Astrophysics.”
Sofort war ich wieder hellwach. “Oh, really? That’s great.” Ich erzählte ihm von der Frage, die mich auf der Fahrt zum Flughafen beschäftigt hatte: was passieren würde, wenn das Universum komplett gespiegelt werden würde. Er ging sofort darauf ein, und schon waren wir in ein wunderbares Gespräch vertieft, in dem es von verrückten Theorien wimmelte. Wir stülpten das Universum um, ließen die Zeit in verschiedene Richtungen laufen und quantelten Dimensionen. Die nächste Mahlzeit aß ich mit großem Appetit.
Leider war Jet inzwischen zu müde, um weiterzudiskutieren. Er gab mir ein Buch und kippte seinen Sitz nach hinten, um zu schlafen.

The Final Chewing Gum
Stephen Spitty
Special Agent Phil Molton is smarter than James Bond, tougher than the Terminator and cleverer than his nine-year-old daughter Felicity. In this page-turning thriller he is sent on a somewhat **‘rubbery’ mission**. His **archenemy** Myonoto Makrotano is about to get hold of the patent for the *plaitomatic*, the most **destructive** weapon ever

---

rubbery mission [ˌrʌbərɪ ˈmɪʃn] Gummimission **archenemy** [ˌɑːtʃˈenəmɪ] Erzfeind **destructive** [dɪˈstrʌktɪv] zerstörerisch

invented. In a race against time, **the odds** and several **slimy saliva samples**, Phil Molton has to **intercept** the messages Makrotano is receiving from his **allies** from all over the world. And all the messages are **encoded** in used chewing gum. Will Phil Molton be able to find the gum with the **dental imprints** that contain the **formula** for the *plaitomatic* before it is too late?

In der Mitte des Buchs holte mich die Müdigkeit dann auch ein. Vielleicht lag es daran, dass der Anblick so kuschelig war, wie Jet da friedlich neben mir schlief.
Ich wachte auf, als ich Jet zu Cassie sagen hörte: "Don't shout, you'll wake her up. Let's stop having this **pointless** argument."
"That's so typical", zischte Cassie. "You can't look life in the eyes. You're always avoiding the truth."
Ich ließ die Augen geschlossen und lauschte.
"I'm sorry if that's your impression", sagte Jet. "When did things start going wrong between us, I wonder. We never had such long fights in London."
"That's because there was no one around to **hassle** us. Now I'm going to meet your whole family all at once. I'm going to be looked at, judged, challenged. God, I hate families."
"Just because you broke up with your family doesn't mean *all* families are bad. Mine is wonderful."

---

the odds [ðiː ˈɒdz] übermächtiger Gegner **slimy** [ˈslaɪmɪ] schleimig **saliva sample** [səˈlaɪvə ˌsɑːmpl] Speichelprobe **to intercept sth.** [ˌɪntəˈsept] etw. abfangen **ally** [ˈælaɪ] Verbündeter **encoded** [ɪnˈkəʊdɪd] verschlüsselt **dental imprint** [ˌdentl ˈɪmprɪnt] Zahnabdruck **formula** [ˈfɔːmjələ] Formel **pointless** [ˈpɔɪntləs] sinnlos **to hassle sb.** [ˈhæsl] jdn. schikanieren

"That's exactly what I hate about them. My family is wonderful, too. Success stories wherever you look. Everybody is **flawless**. I **loathe** perfection. I have a right to be myself and I have no need to be manipulated."

Ich vermutete, dass Cassies Eltern ihr Leben bestimmen wollten, ihr dabei ständig ihre erfolgreichen Geschwister vorhielten und sie damit aus dem Haus getrieben hatten.

"We don't have to hang around forever – just a couple of days", meinte Jet. "Then we can take a tour of the outback if you like."

"That's what you say now. But once you're there, they're not going to let you leave. I know what it's like. My mother used to **cling to** me **like a limpet**. And your mother hasn't seen you for years, so she'll be even more clingy. We'll end up touring the outback in a **huge mobile home** with all your family on board. Let's do it the other way round. Let's tour for ten days and then go and see your family shortly before we fly back. It'll be easier for me to **endure** visiting your family if I know it's for a limited time only."

Ich wunderte mich, dass Jet nicht sauer wurde. Die Art, wie Cassie den Besuch bei seiner Familie als lästige Pflicht abtat, fand ich schrecklich. Menschen sind doch etwas Wunderbares, Spannendes.

"I'm afraid that's impossible", meinte Jet. "My family has prepared a surprise welcoming party for you."

Durch halb geöffnete Lider sah ich, wie Cassie ihm die Karte mit den Sicherheitshinweisen um die Ohren haute.

---

flawless ['flɔːləs] makellos **loathe** [ləʊð] verabscheuen **to cling to sb. like a limpet** ['klɪŋ tə / ˌlaɪk ə 'lɪmpɪt] wie eine Klette an jdm. hängen **huge** [hjuːdʒ] riesig **mobile home** [ˌməʊbaɪl 'həʊm] Wohnmobil **to endure sth.** [ɪn'djʊə] etw. ertragen

"I hate surprise parties."
Jet nahm ihr die Karte weg und steckte sie an ihren Platz zurück. "I wonder how you got so traumatized. Maybe meeting my family will be a **healing experience** for you."
Damit hatte er genau das Falsche gesagt. Cassie wollte keine "healing experience", sie wollte, dass er ihr zuliebe seine Familie enttäuschte. Dann würde sie sich besser fühlen, weil sie damit im übertragenen Sinne ihre eigene Familie bestrafte für alles Unrecht, was sie ihr angetan hatte. So jedenfalls interpretierte ich ihr Verhalten.
"That's it." Sie verschränkte die Arme und starrte aus dem Fenster. "I'm not going to see your family. No way. I haven't even met them and I'm already fed up with them. No and no again. It's your choice. If you prefer to stay with your family, go ahead. I can explore Australia perfectly well all on my own."
"Honey, this is our first holiday together."
"And it will be our last one, too."

Übung 10: Welche Adjektive beschreiben die Charaktere in der Geschichte am besten?
(rude, creative, considerate, clinging, picture-perfect, surprised)

1. Willow is good with her hands. She's ________________.
2. Jet is being very ________________ towards his girlfriend.
3. Cassie is very ________________.
4. Angie is ________________ that Jet isn't getting angry with Cassie.

---

healing experience ['hiːlɪŋ ɪkˌspɪərɪəns] heilsame Erfahrung

5. Jet's family seems to be _______________.

6. Cassie's mother seems to be very _______________.

Five

Am "**baggage carousel**" wartete neben mir ein Häufchen Elend namens Jet. "I can't stand **walking out on** someone in anger."
"She's the one who walked out on you", stellte ich richtig. Cassie war bereits mit ihren drei Koffern abgerauscht.
"Yes, but she expected me to go with her. What if something happens to her? Then we'll never be able to **make up**. It was terribly selfish of me not to go with her."
"On the contrary, it was terribly selfish of *her* to insist on a change of plans. Would you ever have made a similar **demand** on her?"
"No, certainly not." Er seufzte. "You're right, she wasn't being quite fair."
"That's putting things mildly."
Er angelte einen Koffer vom Laufband und stellte ihn neben seinen anderen. "I've got all my luggage now. But what am I going to do?"
"Just as you planned. You'll spend two weeks with your family. Don't worry about Cassie. She's a grown woman and can take care of herself. She would have **spoilt** the **family reunion** for you, anyway. You're better off without her and

---

baggage carousel [ˈbægɪdʒ kærəˌsel] Kofferkarussell **to walk out on sb.** [ˌwɔːk ˈaʊt ɒn] jdn. verlassen **to make up** [ˌmeɪk ˈʌp] sich versöhnen **demand** [dɪˈmɑːnd] Forderung **to spoil sth.** [spɔɪl] etw. verderben **family reunion** [ˈfæmlɪ riːˌjuːnɪən] Familientreffen

she's probably better off on her own. Remember – it was *her* decision not yours."
"But it's my family that has caused the problem."
Warum suchte er ständig die Schuld bei sich? "No, it's Cassie's **neurosis** about families that has caused the problem."
Er nickte verstehend. "Thanks for putting things into perspective for me. I was feeling totally **guilt-ridden**."
"Which is exactly how Cassie wants you to feel." Ich hoffte, ich klang nicht zu sehr nach Hobbypsychologin.
Jet wirkte immer noch geknickt. "Of course she still might change her mind." Er checkte, ob er eine SMS von ihr bekommen hatte. "Maybe in a day or two", fügte er hinzu und steckte das Handy wieder in seine Hosentasche.
"You'll certainly see her on your flight back", tröstete ich ihn. Wir waren inzwischen die Letzten am Kofferkarussell, auf dem eine grüne Reisetasche einsam ihre Runden zog.
"It looks as if my luggage has got lost", stellte ich lakonisch fest.
Jet begleitete mich zum Baggage Service Counter, wo ich mein Ticket vorlegte, ein Formular ausfüllte und ein Overnight-Kit ausgehändigt bekam.
"Have you hired a car?", fragte Jet, als wir zu den Schaltern der verschiedenen Autoverleiher kamen.
"I haven't booked or rented anything. I like to follow my whims."
Er zog eine Augenbraue hoch. "So you'll just **hop on** a bus or take a taxi – and then what?"
Ich zuckte mit den Schultern.
"But that's risky. You could end up with no place to sleep for

---

neurosis [njʊə'rəʊsɪs] Neurose **guilt-ridden** ['gɪltrɪdn] schuldbeladen **to hop on sth.** ['hɒp ɒn] auf etw. aufspringen

the night, or get robbed or worse." Er sah aufrichtig besorgt aus. "If we say goodbye now, I'll never know what's happened to you."
"Unless it's something so spectacular that you'll read about it in the papers."
"Please, don't joke about it. I'm serious. Nobody travels to another continent without at least booking something for the first night."
"Nobody but me. My theory is that the universe has some **spare plans stowed away** for people like me. Maybe that's what black holes are for."
Grinsend und kopfschüttelnd bat Jet, einen Blick in mein Overnight-Kit werfen zu dürfen. "A toothbrush, shampoo, soap, an XXL-T-shirt. Not really helpful. And no plans or bookings on top of that." Er sah zwischen dem Overnight-Kit und seinen Koffern hin und her. "I could lend you some of Cassie's clothes. She packed for every kind of activity and every possible type of weather. And then she packed some extra clothes into my suitcases, I don't know what for."
"Maybe for extra weather."

Übung 11: Die folgenden Wortpaare sind leicht zu verwechseln. Setzen Sie das jeweils richtige Wort an der richtigen Stelle ein.

1. *(borrowed/lent)*

a. She ______________ him some money.

b. He ______________ money from her.

---

spare plan [ˌspeə ˈplæn] Ersatzplan **to stow away sth.** [ˌstəʊ əˈweɪ] etw. verstecken

2. *(raised/risen)*

a. The taxi prices have ______________.

b. The taxi drivers have ______________ the prices.

3. *(currently/actually)*

a. Angie is ______________ on holiday.

b. Cassie has ______________ packed even more clothes than Angie thought.

4. *(at least/at last)*

a. Nobody flies to an unknown destination without ______________ booking one night **in advance**.

b. ______________ Cassie has had enough of Jet.

"In any case you can have them", bot er mir großzügig an.
"Brilliant, thank you."
"And what's more, here's the spare plan the universe made for you for tonight. Why don't you come home with me? No need to worry, I'm just as harmless as I appear."
Als ob ich daran auch nur eine Sekunde gezweifelt hätte. Ich nahm seinen Vorschlag begeistert an. Wir holten seinen Mietwagen ab, luden sein Gepäck ein und fuhren los.
"I hired a car", erklärte er. "My family lives a one-hour drive north of Sydney."
Es war früher Abend, als wir losfuhren. Jets Fahrstil war so zuvorkommend und rücksichtsvoll wie alles an ihm. Ich sog die Landschaft in mich auf: die Skyline von Sydney, das viele

---

in advance [ɪn əd'vɑːns] im Voraus

Grün, als wir die Stadt hinter uns ließen, hin und wieder den Blick aufs Meer, die ungewohnten Verkehrsschilder, die Menschen, Tiere, Pflanzen einer völlig anderen Welt. Gleichzeitig lauschte ich interessiert, was Jet über seine Familie erzählte.

"My mum's name is Linda. I **inherited** my blue eyes from her and my good manners. And of course my love for books. My dad's name is Rondo. He's a very clever man but **a tad** helpless in wordly matters. He's currently working on a breakthrough in nanotechnology."

"I've been reading a lot about nanotechnology lately. I love the idea of living in times when so many new discoveries and inventions are being made. That's why I became a science journalist."

Er ließ sich ein paar der Artikel aufzählen, die ich geschrieben hatte.

"I'll look out for your name when I read science journals in the future", versprach er. "Is Angie short for Angela?"

"No, it's just Angie. My mother is a big Rolling Stones fan and named me after her favourite song."

Gleich würde er sagen: "You must be glad her favourite song wasn't *Satisfaction*." Diesen Witz machte fast jeder, dem ich sagte, warum ich Angie hieß.

"You must be glad", begann er tatsächlich, doch endete der Satz anders als erwartet: "that she wasn't a Beatles fan – she might have called you Help or Yesterday."

Ich kicherte.

"It's funny how some parents choose names", fuhr er fort. "My younger sister is named after Halley's Comet."

Ich zog die Augenbrauen hoch. "Is her name Comet?"

---

to inherit [ɪnˈherɪt] erben **a tad** [ə ˈtæd] ein bisschen

"No, Halley. She's a painter and **sculptor**, and she illustrates the book covers for *Crazy Bookz*. She's always a little **absent-minded**, a bit like our dad."
Ein Känguru überquerte die Straße. Ich konnte mich an dem Anblick gar nicht sattsehen und fand, dass es paradoxerweise in freier Wildbahn viel unwirklicher aussah als im Zoo.
"I hope you like barbies", sagte Jet.
"The skinny dolls – Barbies?"
"No. Not with a capital 'B', with a small 'b'. The surprise party is a **barbecue**. We Aussies call them barbies."
"Any other words I should know?" Mit australischem Englisch hatte ich mich noch nicht befasst.
"We always say 'g'day' when we meet. And you'll hear people using the word 'bastard' a lot. It can mean anything from highest praise to the worst kind of insult. And there's a tendency to end words with an 'ee' sound. 'Cozzie' means swimsuit, 'Joey' means baby kangaroo, 'bikie' means motorcyclist. My brother-in-law, Halley's husband Henry, is a bikie. He's a great bastard, although he looks a little scary. He's got a daughter from his first marriage, Maureen. She must be around fourteen now. Her half-brother Luke is a **rascal**, as **cheeky** and open-minded as only a six-year-old kid can be."
"I love rascals much more than boring, well-behaved kids."
"Like I used to be."
Was? Er hatte sich nicht mal in seiner Jugend ausgetobt, sondern war immer schon brav gewesen? Kein Wunder, dass seine Mutter verrückte Bücher veröffentlichte, um wenigstens ein bisschen Schwung in ihr Leben zu bringen.

---

sculptor ['skʌlptə] Bildhauerin **absent-minded** [ˌæbsənt'maɪndɪd] geistesabwesend **barbecue** ['bɑːbɪkjuː] Grillparty **rascal** ['rɑːskl] Schlawiner **cheeky** ['tʃiːkɪ] frech

"The person I'm most looking forward to seeing again is my grandmother Clara. I've always **loved her to bits**. She helped me build a huge tree house when I was a kid. It was my favourite place in the whole world. Clara is the only one from my family who ever came to see me in London. She loves travelling and is currently in Tasmania, but she'll be back in a couple of days. She's my dad's mother, and she's **quite a handful**, or so my dad claims. He thinks she's an **irresponsible**, unmanageable crazy old lady." Er lachte. "Doesn't she sound **adorable**?"
Allerdings. Schade, dass sie verreist war und ich nur für eine Nacht blieb, so würde ich sie nicht kennenlernen. "It's a pity I won't be able to meet her. Do you have any pets?"
"Yes, we've got three dogs named First of Three, Second of Three and Third of Three."
"What a **coincidence**! Just like my friend Willow's ex-husbands. Of course they have real names, but she numbers them for easier reference."
Ich nahm das als ein Zeichen des Universums, dass mein Urlaub sehr vielversprechend begann. "Why didn't you give your dogs real names?"
"My dad has a problem with names. He hates his own name. He thinks Rondo sounds like a musical dog."
"Then why did he call you and your sister Jet and Halley? These are quite unusual names."
"In fact, he planned to call us Kid One and Kid Two, but my mum was strictly against it."

---

to love sb. to bits [ˌlʌv / tə ˈbɪts] jdn. abgöttisch lieben **quite a handful** [ˌkwaɪt ə ˈhændfʊl] ganz schön anstrengend **irresponsible** [ˌɪrɪˈspɒnsəbl] verantwortungslos **adorable** [əˈdɔːrəbl] entzückend **coincidence** [kəʊˈɪnsɪdəns] Zufall

Ich freute mich immer mehr darauf, die Cormans zu treffen. "But there must be *someone* in your family who isn't funny or nice."

"Too true! My aunt Annabelle, my mother's sister. She's the kind of person who can't stand anyone being richer or happier than she is."

Die Frau, die er mir schilderte, kam mir bekannt vor. Ich hatte eine Großkusine, die ganz ähnlich tickte: Wenn eine Frau weniger Falten hatte, war sie geliftet. Wenn sie größere Brüste hatte, waren es Silikontitten, wenn sie längere Haare hatte, Extensions. Wer sportlicher war, war gedopt, und wer reicher war, verdiente sein Geld illegal. Eine sehr geradlinige Lebensphilosophie.

"**In all likelihood**, you're not going to meet Aunt Annabelle. She doesn't live with us and I don't think she's been invited to the barbie." Jet deutete auf ein Hinweisschild. "Just another two miles and we'll be there. Oh, what's that?"

Übung 12: Jet hat eine große Familie. Wer ist wer? Tragen Sie den richtigen Buchstaben ein.

1. She publishes books.	☐	**a.** Third of Three
2. This person is named after a comet.	☐	**b.** Linda
3. She helped Jet build a tree house.	☐	**c.** Rondo
4. The last dog Jet's family acquired.	☐	**d.** Grandma Clara
5. She's **envious** of people with lots of money.	☐	**e.** Halley
6. He works with technology.	☐	**f.** Annabelle

---

in all likelihood [ɪn ˌɔːl ˈlaɪklɪhʊd] aller Wahrscheinlichkeit nach
envious [ˈenvɪəs] neidisch

Über dem Schild war ein großes Stück Pappe angebracht, auf dem in liebevoll verzierten Buchstaben stand: "Welcome home, Jet & Cassie."

Jet hielt an, stieg aus, machte die Pappe ab und sah sie nachdenklich an. "They'll be so disappointed when I tell them that I broke up with Cassie on the flight here."

Ich ließ mein Fenster runter. "Maybe I should walk the rest of the way."

"Why?"

"Because if you drive up with me in the car, they'll think I'm Cassie and they'll be all the more disappointed to learn I'm only a stranger from the plane. If you arrive alone, they'll know from the start that something's wrong."

"That's true." Er setzte sich wieder ins Auto und legte das Schild seufzend auf den Rücksitz. "On the other hand ..." Er sah mich nachdenklich an. "My family has no idea what Cassie looks like. I never sent them a photo. Couldn't you **pretend** you're her?"

Du meine Güte, wie dieser Kerl sich verrenkte, um nur ja niemanden zu enttäuschen.

"Of course it would mean that you'd be spending your holiday mainly with my family instead of exploring Australia", räumte er ein.

"So I'll get to know what **genuine** family life is like down under! What could be better?", sagte ich ohne nachzudenken.

"Thank you." Jet startete den Wagen. "It's a mad idea but I've always known that one fine day the crazy genes I inherited from my grandmother would begin to **kick in**."

Da hatte ich es besser. Ich brauchte mich nicht auf meine

---

to pretend [prɪ'tend] so tun als ob **genuine** ['dʒenjʊɪn] echt
to kick in [ˌkɪk 'ɪn] Wirkung zeigen

Erbanlagen rauszureden, ich war nun mal so verrückt, wie ich war, und fertig. Trotzdem wurde mir jetzt etwas mulmig zumute. Ob ich der Rolle, die ich spielen sollte, wirklich gewachsen war?

Six

"Oh, Jet, darling, there you are." Jet verschwand in den Armen einer schlanken Mittfünfzigerin in Jeans und karierter Bluse. Das musste Linda sein.

"And here's Cassandra." Auch ich fand mich in einer innigen Umklammerung wieder. "What a beauty! She's even lovelier than you said she was." Sie löste sich von mir und sah mich mit leicht schräg gestelltem Kopf an. "Cassandra, honey, welcome to Sydney."

"Jet has told me so much about you. I just couldn't wait to meet you", sagte ich, und das stimmte ja auch. Leider musste ich sie danach gleich anschwindeln, was mir gar nicht so leicht fiel, weil Linda so aufrichtige, vertrauensselige blaue Augen hatte, genau wie ihr Sohn. „Please call me Angie. My full name is Cassandra Angelina Furlan. I prefer to be called Angie because Cassandra reminds me too much of Greek mythology."

"Ah, **the Trojan horse** and all that", sagte Linda. "Alright then, Angie. I like that name better, too."

Rondo schlug seinem Sohn auf die Schulter und drückte mir herzlich die Hand. Er trug die international standardisierte Physikeruniform: eine am Po schlabbernde Hose und ein Hemd mit verblichenem Muster, das teilweise aus der Hose

---

the Trojan horse [ðə ˌtrəʊdʒən ˈhɔːs] das Trojanische Pferd

hing. Fast alle Physiker, die ich kannte, waren solche gerupften Hühner, seltsam frisiert und untrainiert. Und alle brachten sie es nicht fertig, ein Hemd so in die Hose zu stecken, dass es auch drin blieb. Jet hingegen war wie aus dem Ei gepellt, gewissermaßen der James Bond unter den Wissenschaftlern.
Eine Frau mit wirren Locken und Farbklecksen auf der Backe sah mich prüfend an. Das musste Halley sein, die Künstlerin. "I like your face", sagte sie. "Nice bone structure. Can I paint you one of these days?"
"I'd be honoured", versicherte ich.

Übung 13: Welche Antwort ist angemessen? Tragen Sie den richtigen Buchstaben ein.

1. Can I smoke here?
2. Can I have some coffee please?
3. Do you mind if I use your phone?
4. Can I have an aisle seat?
5. Could I have the vegetarian meal please?

☐ **a.** I'm afraid we're out of them. Would a cheese roll do?
☐ **b.** Not at all. Here it is. Go right ahead.
☐ **c.** Sorry, it's not allowed.
☐ **d.** Would one by the window do?
☐ **e.** Help yourself. The sugar's over there.

"Hi Henry", begrüßte Jet seinen Schwager, Halleys Mann. Er war ein typischer Biker – oder Bikie, wie man hier sagte: lange, braune Haare, Vollbart, ein Ohrring, schwarze Lederhose und ein ärmelloses Shirt, das seine Muskeln und eine Reihe von Tätowierungen auf den Oberarmen gut zur Geltung brachte. In diese muskulösen Arme schloss er mich so fest, dass ich befürchtete, seine Tattoos würden auf mich abfärben.
Die ganze Zeit über tobten drei ausgelassene Vierbeiner und

ein begeisterter Zweibeiner um uns herum: ein Labrador, ein Australian Shepherd, ein Golden Retriever und Jets Neffe Luke. Etwas abseits stand Maureen und machte von dem Vorrecht aller Teenager Gebrauch, grundlos schlecht gelaunt zu sein.
"I hope you like a good barbie", sagte Linda.
"Steaks and sausages, **yummy**", freute ich mich. Während des Flugs hatte ich ja eher spärlich gegessen.
"And homemade potato salad", ergänzte Linda. "Jet's favourite."
"Our neighbours are coming, too", sagte Rondo. "The more the merrier, right?"
Die Aussprache der beiden war gewöhnungsbedürftig. Linda fragte beispielsweise: "Yagunna avashowah?", und ich brauchte eine Minute, um mir zusammenzureimen, dass sie "Are you going to have a shower?" gemeint hatte. Da hatte Jet bereits für uns beide bejaht und war mit dem Gepäck auf dem Weg nach oben.
"Could I write an e-mail while Jet is having a shower?", fragte ich. "My friend in London tends to get a little worried and I want to let her know that I landed safely."
"You can do it in my study", bot Rondo an und zeigte mir, wo es langging.
In seinem Arbeitszimmer setzte ich mich an den PC, loggte mich in meinen Webaccount ein und schrieb Willow kurz und knapp: "Everything's fine. I survived the flight thanks to your idea of picking a trustworthy-looking passenger and clinging to him. I lost my luggage but have found a gorgeous family. That's everything in a nutshell."
Dann folgte ich Jet mit meinem bescheidenen Overnight-Kit nach oben. Der Raum für uns war gemütlich, ein

---

yummy [ˈjʌmɪ] lecker

Gästezimmer mit persönlicher Note und einem eigenen Bad. Jet hatte bereits ausgepackt und alles verstaut. Ich hörte ihn unter der Dusche singen.
Ich ging ans Fenster und schaute in den Garten hinaus, der riesig war. Bäume, so hoch, dass mir schon beim Hinschauen schwindelig wurde, wechselten sich mit niedrigem Buschwerk ab. Das Gras war verbrannt vom langen Sommer, denn auf der Südhalbkugel war es jetzt Herbst. Das nächste Haus war irgendwo in weiter Ferne zu sehen. Der Begriff "neighbours" war hier viel weiter gesteckt als anderswo auf der Welt.
Weitere Gäste trudelten ein: Männer in Lederkluft, die sich zu Henry an den Grill stellten und prüften, ob die Steaks schon durch waren, Frauen mit Salatschüsseln, Kinder, die sofort mit Luke und den Hunden zu toben anfingen. Cassie wäre mit diesem "Overload" an Familienglück restlos überfordert gewesen und hätte sich vermutlich auf einen Baum geflüchtet.
Nachdem ich geduscht hatte, inspizierte ich den Kleiderschrank. Die "extra clothes" von Cassie waren nur ein Notbehelf. Ein paar T-Shirts, eine Jogginghose, Jeans. Unterwäsche war nicht dabei. Ich nahm ein T-Shirt und lieh mir eine Boxershorts von Jet. Cassies Jeans waren an den Schenkeln etwas weit, weil ich nicht so starke Beinmuskeln hatte wie sie.
Im Garten zog Jet mich neben sich in eine Hollywoodschaukel. "Isn't it lovely, sweetheart, or did I promise you too much?"
Er trug mächtig dick auf, aber das konnte ich auch. "It's almost like being in paradise, darling."
Was für eine alberne Scharade, auf die ich mich da eingelassen hatte. Aber lustig war es irgendwie doch. Ich hatte Urlaub, da brauchte ich alles nicht so eng zu sehen – nun ja, genau genommen tat ich das sowieso nie.

Henry verteilte Teller mit Steaks, Linda reichte Salatschüsseln und Brot herum, Rondo fragte, ob ich Lust auf echt australisches Bier hätte.

Übung 14: Testen Sie Ihr australisches Englisch! Kreuzen Sie den richtigen Begriff an.

1. What do the Australians call it when they gather outside to grill food?
   - a. ☐ barbecue
   - b. ☐ barbie
   - c. ☐ grillie
   - d. ☐ grill party
2. How do Australians usually greet each other?
   - a. ☐ Good day
   - b. ☐ Goodie
   - c. ☐ G'day
   - d. ☐ Good Grief
3. What is another name for Australia?
   - a. ☐ The Southern Cross
   - b. ☐ Aussieland
   - c. ☐ Down Under
   - d. ☐ Under Down
4. What is a cozzie?
   - a. ☐ a cousin
   - b. ☐ a swim suit
   - c. ☐ a small wombat
   - d. ☐ a lover

Während wir aßen und plauderten, musste ich höllisch aufpassen, was ich sagte. Da ich nicht wusste, was Jet seiner Familie über Cassie erzählt hatte, konnte ich es mir nur nach und nach aufgrund der Fragen zusammenreimen, die

mir gestellt wurden. So wie es aussah, hatten Cassie und ich nicht die geringsten Gemeinsamkeiten.
Cassie war Model und wurde vor allem von Sportmagazinen gebucht. Mein Beitrag zur Unterhaltung bestand somit überwiegend aus Versuchen, meine angeblichen sportlichen Fähigkeiten in ein milderes Licht zu rücken. "I've had to cut down on tennis and beach volleyball due to health problems." "A friend of mine had a skiing accident which has completely spoilt the sport for me." "I'm going on thirty and have started developing my brain. Reading scientific journals can be as much fun as scuba diving, you know."
Trotzdem freuten sich alle mächtig darauf, mit mir die tollsten Sachen zu unternehmen. Ob ich morgen so tun sollte, als hätte ich mir den Fuß verstaucht, um das Schlimmste zu verhindern? Dann musste ich nicht nur schwindeln, sondern auch noch humpeln. Nein, die Situation war auch so schon kompliziert genug.
Luke kam immer wieder angerannt, sagte etwas, das ich im allgemeinen Lärm nicht verstand, und stob wieder davon.
Mit zunehmender Dunkelheit wurde die Stimmung immer ausgelassener. Jemand hatte eine Gitarre dabei und spielte fetzige Countrymusik. Völlig zwanglos wurde getanzt. Henry forderte mich auf, wirbelte mich unkoordiniert im Kreis herum und beschwerte sich lachend: "You won't let me **lead**."
"If I let you lead, I'd experience **whiplash**!"
Als ich mich völlig außer Puste wieder in die Hollywoodschaukel fallen ließ, zog Halley mir mit einem gemurmelten "May I?" eine Sandale aus und betrachtete sinnend meinen Fuß. "Fascinating."

---

to lead [liːd] führen **whiplash** ['wɪplæʃ] Schleudertrauma

Ich fand meine Füße eher durchschnittlich, um nicht zu sagen kreuzlangweilig, aber ich widersprach ihr nicht.
Henry rief mit seinem dröhnenden Bass: “Maureen, it’s time to go to bed. Help Luke to get ready for bed, too.”
Maureen, die bis jetzt noch kein einziges Wort gesagt hatte, knurrte: “I hate brothers.”
Luke grinste frech. “I’m only your half-brother, so you can only hate half of me. Which half would you like to hate, the right half or the left one?”
Es war der ganz normale Familienwahnsinn, genau wie daheim. Ich fühlte mich sehr wohl, aber wegen des Jetlags auch zusehends müder, und war froh, als die teils von ziemlich weither angereisten “Nachbarn” unter vielen Umarmungen aufbrachen. Ich half Linda und Halley, das Geschirr in die Küche zu tragen.
Jet, der die Spülmaschine einräumte, nahm mir einen Stapel Teller ab. “Have you had a good look at the sky?”
Sofort war ich wieder hellwach, denn schlagartig wurde mir bewusst, dass ich mich zum ersten Mal im Leben unter dem südlichen Sternenhimmel befand. Ich hatte gelesen, dass die Milchstraße hier so hell war, dass das Licht Schatten warf.
“No, I was too busy enjoying the barbie. I’d love to look at the **Milky Way**.” Das stimmte, war aber auch Verzögerungstaktik. Ich fürchtete mich ein wenig vor dem Moment, wo wir zusammen aufs Zimmer gingen. Ich kannte diesen Mann erst seit ein paar Stunden und fand die Vorstellung, mit ihm ein Doppelbett zu teilen, leicht beklemmend.
“Then let’s go to my special place. The place I’ve been watching the stars from ever since I was a kid”, sagte er.
Wir gingen wieder in die Nacht hinaus, die mit geheimnis-

Milky Way [ˌmɪlkɪ ˈweɪ] Milchstraße

vollen Gerüchen und Geräuschen erfüllt war. Ich hatte das Gefühl, dem Rest des Universums so nah zu sein wie noch nie. Aber es ging noch näher, und zwar mindestens hundert Sprossen. So hoch erschien mir die Strickleiter, die an dem Baum hing, zu dem Jet mich führte.

"My tree house." Stolz deutete er nach oben. "Up there, the sky seems so close that you just want to reach out and touch it with your fingertips. Come on, let's climb up."

Ich zögerte.

"Oh, I'm sorry. I forgot you're afraid of heights."

"Fear of flying and fear of heights are two completely different things", widersprach ich sofort. "And I don't suffer from either. I just don't trust **rope ladders**."

"And aerodynamics", ergänzte er lachend und ging hinaus aufs freie Feld. Dort legte er sich einfach auf den Rücken, pflückte einen trockenen Grashalm und deutete damit nach oben. "Look at the Milky Way."

Ich streckte mich neben ihm aus. "God, doesn't it look **majestic** – the way it stretches out all over the sky. I love it. There's **Sagittarius** at its centre."

"You know your way around the sky", meinte er anerkennend. "Can you spot the **Southern Cross**?"

Übung 15: Stimmen die folgenden Aussagen? Kreuzen Sie die zutreffenden Sätze an.

1. ☐ Angie is familiar with the Milky Way.
2. ☐ Angie loves climbing.
3. ☐ Maureen is very chatty.

---

rope ladder [ˈrəʊp ˌlædə] Strickleiter **majestic** [məˈdʒestɪk] erhaben **Sagittarius** [ˌsædʒɪˈteərɪəs] Schütze **Southern Cross** [ˌsʌðən ˈkrɒs] Kreuz des Südens

4. ☐ Luke is a rascal.
5. ☐ Linda is very **hospitable**.
6. ☐ Rondo is **smartly** dressed.

Ich ließ meine Augen zur höchsten Stelle der Milchstraße wandern, dann nahm ich Jet den Grashalm ab. "There it is. Not so easy to make out. Now it's your turn. Show me Omega Centauri."
Er deutete auf den Kugelsternhaufen. "It's almost as big as the full moon."
Ich lächelte. "Coming to Australia is one of the best random choices I've ever made. I wish I could fall asleep right here under the sky. Do you have a sleeping bag for me?"
"Sure. I love sleeping outdoors, too", sagte er. "And once you've mastered the rope ladder, we can sleep in my tree house, too."
"That's almost as **daunting** to me as sleeping during a flight."
Er stand auf und hielt mir eine Hand hin. "No problem." Im Licht der Milchstraße sah ich ihn grinsen. "We'll bring **parachutes**."

Seven

Etwas fuhr mir feucht übers Gesicht.
"Are you crazy?", ächzte ich. Dass Jet mich Sweetheart nannte, war in Ordnung, aber dass er zudringlich wurde, um seiner Familie ein Liebesleben mit mir vorzuspielen, das ging echt zu weit.

---

hospitable ['hɒspɪtəbl] gastfreundlich **smartly** ['smɑːtlɪ] schick **daunting** ['dɔːntɪŋ] beängstigend **parachute** ['pærəʃuːt] Fallschirm

Ich blinzelte in die Morgensonne und wurde mit einem dezenten "Wuff" vollends geweckt.
"Oh, it's you, Third of Three."
Der Golden Retriever hechelte mir seinen Hundeatem ins Gesicht.
"Second of Three", verbesserte Jet. Er hatte sich bereits aufgesetzt und wischte mir mit einem Taschentuch die Hundespucke vom Gesicht. "Third of Three is the Labrador." Er schabte mit den Fingernägeln über sein Kinn. "Time for a shower and shave. A dog's tongue just doesn't do the job."
Ich folgte ihm, stolperte über die Haustürschwelle und landete auf dem Schlafsack, den ich vor mir her trug.
"How inspiring", rief Halley, die gerade die Treppe runterkam. "Come into the kitchen and let me do a **sketch** of you while you're having breakfast."
Ich rappelte mich auf. "Can I take a shower first?"
"No, please don't. I love the **dishevelled** look."
Jet nahm mir den Schlafsack ab und flüchtete vor der Zeichenwut seiner Schwester die Treppe hoch.
In der Wohnküche saßen Linda und Rondo an einem riesigen Esstisch, auf dem ein üppiges Frühstück vorbereitet war.
Linda drückte mir einen herzlichen Guten-Morgen-Kuss auf die Wange. Über das Gras in meinen Haaren schien sie sich nicht zu wundern. "I hope you don't mind spending so much time with us. It's just that I haven't seen my son for so long."
"Sure, that's fine with me."
"You're such a nice girl", freute sich Linda. "I'm glad Jet finally found the right kind of woman. So far, he's always

---

sketch [sketʃ] Skizze **dishevelled** [dɪˈʃevld] zerzaust

fallen for the **superficial** type. And, God knows, he's fallen more than once ... Oops, I shouldn't have said that."
"It's okay, we don't have any secrets." Aha, ein Weiberheld war er also. Da war Cassies Eifersucht wohl nicht ganz unbegründet gewesen. Ich setzte mich. "Where are the kids?"
"They're at school. Luke didn't want to go. He put up quite a fight. He adores you."
"It's **mutual**." Ich lud mir Rühreier auf einen Teller.
Halley war die ganze Zeit bereits eifrig dabei, meinen Frisch-aus-dem-Schlafsack-Look auf Papier zu bannen.
Ich hatte fast aufgegessen, da kam Jet die Treppe herunter, mit nassen Haaren und nach After Shave duftend. Er setzte sich, zog sein Handy hervor und checkte stirnrunzelnd seine Nachrichten. Seiner finsteren Miene nach zu urteilen, hatte Cassie seine SMS von gestern nicht beantwortet. Sie musste ihn doch kennen und wissen, dass er sich Sorgen um sie machte. Wieso ließ sie ihn so hängen?
Das Telefon, das neben der Spüle lag, klingelte. Rondo ging es holen und meldete sich.
"Oh, hi Mum." Es klang nicht gerade erfreut.
Er lauschte, wollte einen Schluck Kaffee nehmen, knallte die Tasse aber augenblicklich wieder hin. "You did WHAT!? Are you **stark raving bonkers**? At your age! Unbelievable. It's a scandal they let you take part in the first place."
"That's Clara", raunte Jet mir zu, während er sich den Teller belud.
"**Are** you completely **off** your **trolley** now?", zeterte Rondo

---

superficial [ˌsuːpəˈfɪʃl] oberflächlich **mutual** [ˈmjuːtʃʊəl] gegenseitig **to be stark raving bonkers** [biː ˈstɑːk ˌreɪvɪŋ ˈbɒŋkəz] total verrückt sein **to be off one's trolley** [biː ˌɒf wʌnz ˈtrɒlɪ] nicht mehr alle Tassen im Schrank haben

kurz darauf in den Hörer. "I categorically forbid you to do that."
So ging es noch eine Weile weiter, bis Rondo entkräftet und, wie es schien, um Jahre gealtert, auflegte. "I'm beginning to suspect that my mother enjoys shocking me. She could have broken every single bone in her **frail** old body."
"At her age she hasn't got that much to lose", meinte Linda. "What was she up to this time?"
"She was in a rodeo."
Clara musste eine ältere Ausgabe von Cassie sein: sportlich bis in die Falten zwischen den Zehen. "Did anything happen?", erkundigte ich mich.
"Oh yes." Rondo senkte die Stirn auf den Tisch. "She won the **darn** rodeo."
Linda lachte. "And now she's going to take part in more rodeos, right?"
Rondo hob den Kopf ein Stück. "Now she wants to **go rafting**."
"So she's on an adventure cruise?", fragte ich.
"No." Jet grinste. "She's on a research trip."
"She's writing a book", sagte Linda. "But she's refused to tell us what it is about."

Übung 16: Finden Sie die richtige Definition der folgenden Begriffe – tragen Sie den zutreffenden Buchstaben in das Kästchen ein.

1. dishevelled	☐	**a.** friendly to guests
2. superficial	☐	**b.** untidy
3. envious	☐	**c.** forgetful

---

frail [freɪl] gebrechlich **darn** [dɑːn] verdammt **to go rafting** [ˌgəʊ ˈrɑːftɪŋ] raften gehen

4. **well-versed**	☐	d.	**resentful** of somebody else's good fortune
5. hospitable	☐	e.	knowledgeable
6. absent-minded	☐	f.	lacking depth

"Whatever it is", meinte Rondo düster, "it doesn't give her the right to put her life at risk.
"What are our plans for today?", fragte Jet betont fröhlich.
"We're going on a trip to Hunter's Valley. It's lovely in autumn", schwärmte Linda. "I'll give you a bottle of sun block, Angie. The sun is very strong in **Oz** all year round."
"Hunter's Valley is the sixth biggest **vineyard** in the world", sagte Rondo. "Our tour will include visits to three vineyards, a **brewery**, an olive plantation, a chocolate factory and a cheese factory. There's free tasting and wine-sampling everywhere."
Das klang gut und vor allem sportfrei. Ich duschte, zog mich an, rieb mich gründlich mit Sonnenmilch ein und war startklar. Da ich keinen Fotoapparat dabei hatte, machte Jet für mich Bilder von den Kängurus und Koalas, die wir unterwegs trafen, und von den Weinstuben, die wie Cowboy-Ranchen aussahen. Ich nahm ihm die Kamera ab und machte ein Foto von ihm. Dabei fiel mir auf, dass seine Augen das gleiche tiefe Blau hatten wie der Himmel. Ich hielt die Luft an und horchte in mich hinein, doch nichts passierte. Ich frage mich manchmal, woran andere Menschen, die dabei keine so deutlichen Symptome haben, merken, dass sie sich verlieben. Das dritte Mal hatte es mich sogar im

---

well-versed [ˌwelˈvɜːst] versiert **resentful** [rɪˈzentfʊl] verärgert **Oz** [ɒz] Australien **vineyard** [ˈvɪnjəd] Weinberg **brewery** [ˈbruːərɪ] Brauerei

Liegen erwischt! Ich lag mit einem Kerl im Bett, den ich auf der Geburtstagsparty meiner Freundin per Zufallsprinzip zu meinem One-Night-Stand erklärt hatte. Als er gerade mit dem Vorspiel beginnen wollte und ich in seine Augen sah, wurde mir klar, dass es doch kein Zufall gewesen war, der mich in seine Arme getrieben hatte. Aus dem One-Night-Stand wurde eine Wiederbelebung mit einem kalten Waschlappen. Ein noch größerer Kälteschock war es dann für mich, als er auf meine gestammelte Liebeserklärung antwortete: "Tut mir leid, aber ich habe dich auf der Party nur ausgesucht, weil du leicht zu haben warst, nicht weil ich dich irgendwie unwiderstehlich fände."

Das war zwei Jahre her. Danach hatte ich eine dauerhafte, aber von den Eifersuchtsanfällen meines Freundes doch stark gestörte Beziehung gehabt, die eher eine Vernunftehe ohne Trauschein gewesen war. Die Trennung war mir entsprechend leicht gefallen. In so etwas wollte ich nicht wieder reinrutschen.

Als wir am späten Nachtmittag aus dem Hunter's Valley zurückkamen, waren Maureen und Luke bereits daheim und begleiteten Henry, Jet und mich in ein Einkaufszentrum. Während die beiden Männer Lebensmittel besorgten, folgten Maureen und Luke mir in diverse Bekleidungsgeschäfte. Luke reichte mir Hosen, in die ich quer reingepasst hätte, und Blusen mit Mustern, die wahrscheinlich nicht mal dem Designer gwefielen, der sie entworfen hatte. Ich probierte alles lachend an und suchte mir dann brauchbare Klamotten aus.

Maureen zog den Vorhang zur Umkleidekabine beiseite, als ich gerade in Unterwäsche dastand. "Why are you so pale? I thought models always had a tan. You don't look fit or sporty at all." Ich riss den Vorhang wieder zu.

Das Mobbing ging daheim munter weiter. Beim Abendbrot meinte Maureen lauernd: "Have you already been in uncle Jet's tree house?"
"No. I'm not exactly fond of rope ladders. Why didn't you install a lift?", versuchte ich witzig zu sein.
Luke dachte wohl, ich hätte ein rein technisches Problem, denn er sagte: "I'll show you how to do it."
Mir blieb nichts anderes übrig, als mit Jet, Maureen und Luke in den Garten zu gehen. Luke erklomm flink ein paar Sprossen und rief zu mir runter: "See, it's almost like a normal ladder, but it swings a little."
"Show me again", bat ich, um Zeit zu gewinnen.
Ich leide wirklich nicht an Höhenangst. Ich habe sogar schon mal eine dreitägige Bergwanderung unternommen und sie recht gut überstanden, wenn man von ein paar hysterischen Momenten absieht – beispielsweise als der Weg zu einer schmalen Felskante wurde und ich mich an der steil aufragenden Wand festklammerte und mit ihr auf immer und ewig zu verwachsen versuchte, während meine Beine mir angesichts meines Leichtsinns jegliche weitere Kooperation verweigerten. Eigentlich eine völlig natürliche Reaktion. Ein Mensch ist schließlich keine Gämse. Und selbst Gämsen hätten Probleme mit Strickleitern!
Luke kletterte noch ein Stück höher. "It's easy as pie."

Übung 17: Ergänzen Sie die folgenden Redewendungen mit dem richtigen Begriff.
(pie, merrier, picture, limpet, trolley)

1. It's simple. It's as easy as ______________.

2. She's crazy. She's off her ______________.

3. The Australians love barbies. They invite a lot of neighbours. The more the ______________.

4. His family is wonderful. It's ______________-perfect.

5. Cassie's mother clings to her like a ______________. She doesn't give her any room to breathe.

Er erklomm die Leiter bis ganz nach oben, wo er auf eine Plattform kletterte. Mehr war vom Baumhaus von hier unten wegen des dichten Blätterdachs nicht auszumachen.
"Come and join me", rief Luke.
Ich wollte ihn keinesfalls enttäuschen. Zögernd griff ich nach einer Holzsprosse etwas über Augenhöhe, stellte meinen Fuß in die unterste Sprosse und zog den zweiten Fuß nach. Schon begann das verdammte Ding zu schlingern.
Maureen lachte kurz und hämisch auf. "Even a Joey could do it better."
"Angie is a bit dizzy", kam Jet mir ungebeten zu Hilfe. "Must be the change in climate."
Zum Glück rief Halley Maureen ins Haus zurück, weil sie ihr mit dem Geschirr helfen sollte. Ohne ihre Beaufsichtigung fühlte ich mich sofort wohler.
Ich stieg von der Leiter. "She doesn't like me at all."
Jet versuchte sofort, den Eindruck zu zerstreuen. "I'm sorry she's treating you like this, but it's got nothing to do with you. She was only five years old when Henry and her mother divorced. I think she never quite got over it, and going through puberty must be tough."
Wieso musste er immer für alles eine Erklärung finden? Ich vermutete inzwischen, dass er ein völlig übersteigertes Harmoniebedürfnis hatte.

“I’m waiting”, rief Luke von oben.
“I’m coming”, rief Jet zurück.
Ich tätschelte eine Holzsprosse. “And I’ll stay down here and try to make friends with the ladder.”
Jet machte sich auf den Weg nach oben.
Ich hängte mich an eine Leitersprosse, schaukelte ein bisschen hin und her, erklomm vier Sprossen, schaute nach unten, seufzte, sah wieder nach oben und nahm die nächsten vier Sprossen in Angriff. Dann noch mal drei. Um sicherzugehen, dass ich auch den Abstieg von diesem wackligen Teil bewältigen konnte, kletterte ich wieder runter bis auf die vorletzte Sprosse. Ich widerstand dem Drang, festen Boden unter die Füße zu kriegen, und machte mich wieder an den Aufstieg. Nach einigem Hin und Her begannen meine Armmuskeln zu zittern, nicht vor Angst, sondern vor Anstrengung. Ein Grund, stolz auf mich zu sein und es für heute gut sein zu lassen.
Richtig froh war ich dann, als Luke kurz darauf runtergeklettert kam und verkündete, er und Jet würden gemeinsam im Baumhaus übernachten.
“Are you sure you don’t want to join us?”
“Yes, I’m sure.” Nun brauchte ich mir wenigstens keine Gedanken zu machen, ob es irgendwie peinlich sein würde, mit Jet in einem Doppelbett zu schlafen, und wie ich reagieren sollte, falls er mich zu verführen versuchte.

Eight

Am nächsten Morgen war ich kaum aufgewacht und hatte zufrieden festgestellt, dass es regnete, da entschuldigte sich Jet schon für das schlechte Wetter. Er kam gerade aus dem

Bad, als ich mir den Schlaf aus den Augen rieb. Was fiel ihm ein, einfach so in mein Schlafzimmer zu spazieren und mein Bad zu benutzen? Okay, es war auch *sein* Schlafzimmer und *sein* Bad, aber könnte er nicht den ganzen Urlaub hindurch im Baumhaus nächtigen?

Mist, ging nicht, weil es ja regnete.

"I hope it'll clear up later." Jet holte ein Hemd aus dem Schrank. Die Jeans hatte er zum Glück schon an. Ich war aus reinem Selbstschutz gar nicht erpicht auf den Anblick seines knackigen Hinterns, der mir aufgefallen war, als er gestern die Strickleiter erklommen hatte.

"I'd love to spend the day indoors", versicherte ich ihm. Das Paragliding, das die Cormans heute für mich geplant hatten, fiel damit nämlich flach.

"I planned to meet up with some **mates** today", sagte Jet. "I hope it's okay if I don't take you along."

Ich hätte ihn am liebsten an den Schultern genommen, geschüttelt und ihm gesagt, dass er endlich aufhören sollte, sich für jeden Pups zu entschuldigen. Das war ja schon pathologisch. Nur um ihn zu ärgern, gab ich vor zu schmollen. "Oh, and I really had hoped we could spend every single minute together."

Wurde er ärgerlich? Wies er mich darauf hin, dass ich keinerlei Ansprüche auf ihn hatte? Nein, er geriet regelrecht in Panik bei der Vorstellung, mich zu versetzen.

"Yes, I know, it's a bit awkward to leave you alone with my family. After all, they're practically strangers to you. But my mates and I have so much to **catch up on.** You'd probably only be bored and –"

---

mate [meɪt] Kumpel **to catch up on** [ˌkætʃ ˈʌp ɒn] nachholen

Übung 18: Adjektiv oder Adverb? Unterstreichen Sie die richtige Form.

1. They are *(practical/practically)* strangers.
2. I *(categorical/categorically)* forbid you to do that.
3. I'm glad Jet has found the *(right/rightly)* kind of woman.
4. As you so *(right/rightly)* say, you'd only be bored.
5. Nova Spacetwister has some *(crazy/crazily)* adventures.
6. Angie climbed up the rope ladder *(awkward/awkwardly)*.

"Stop it!" Ich atmete tief durch, stieg aus dem Bett und baute mich mit in die Seite gestemmten Armen vor ihm auf. "Don't you ever listen to yourself? It's just like in the plane when you were trying to fulfil Cassie's every wish. Hey, you have every right in the world to meet up with your mates without me."

"But you just said you were disappointed." Eine Sekunde später hatte er mich schon durchschaut. "Oh, you were trying to provoke me, right? But why?"

"Because I can't stand the way you keep apologizing. I wanted to test how far you'd go."

"I'm sorry if I annoyed you."

Ich streckte die Hände aus und schubste ihn aufs Bett. "That does it. Now you're even apologizing for apologizing. Someone has to cure you." Ich tippte mir an die Brust. "And that someone is going to be me. Take my word for it."

Damit rauschte ich ins Bad. Als ich zum Frühstück runterkam, war Jet schon weg.

Linda briet Rührei für mich. "What are your plans for today?", wollte sie wissen. "Is there any kind of indoor sport you'd like to do? Paragliding is out of the question, I'm afraid." Sie deutete durchs Fenster in den Regen hinaus.

"I'd love to take a look at the books you've published. I read two of them on the flight and loved them."

Damit war das Thema Sport, egal ob indoor oder outdoor, zum Glück erledigt, denn Linda war entzückt, in mir eine begeisterte Leserin gefunden zu haben. Gemeinsam gingen wir nach dem Frühstück ins Wohnzimmer, das ich bisher noch nicht betreten hatte, denn das Familienleben der Cormans fand überwiegend in der Küche und im Garten statt.

Das Wohnzimmer war so gemütlich und rustikal wie alles hier und wurde von einer deckenhohen Bücherwand dominiert. Linda deutete auf das linke Regaldrittel: "These are all the books I've published so far. I'm going to dust the shelves while you**'re browsing**."

Linda Cormans Verlag *Crazy Bookz* machte seinem Namen alle Ehre. Ich fand Titel wie "Return of the Sponge Birds" und "The Vegetarian Vampire and The Killer Cabbage". Es gab auch Sachbücher von zweifelhaftem Nutzen: "Atlantis was on the Moon", "The Most Lethal Chemical Experiments" und "How not to be Rescued from a Lonely Island". Ein Titel, den ich mir gewünscht hätte, nämlich "How to Climb up a Rope Ladder and Safely Back Down Again", war leider nicht darunter.

Dann entdeckte ich einen vertrauten Namen, nahm das Buch aus dem Regal und las den Klappentext.

Übung 19: Setzen Sie das richtige Adjektiv ein.
(youngest, major, hyperintelligent, entire, different, unknown)

Nova Spacetwister – The Long Trek back to Milky Way
Aaron Arkvard Angusson

One day, the **1.** __________ planet Earth finds itself **transposed** to a **2.** __________ part of the universe. Nova

---

to browse [braʊz] schmökern **transposed** [træn'spəʊzd] versetzt

Spacetwister, the **3.** _________ Starship Captain ever, is sent to discover what has happened. With the help of her two **4.** _________ dogs she finds out that Lord Dark Matter, the owner of two galaxies and an **5.** _________ number of black holes, has won the planet in a universe-wide auction and hypermailed it to his theme park "Megabang", where he hopes to turn it into a **6.** _________ attraction. Since he refuses to hypermail Earth back to where it belongs, Nova Spacetwister decides to find the wormhole he used and bring the planet back on her own. This is the beginning of a dangerous journey, the long trek back to the Milky Way.

"So Nova Spacetwister is a series. That's great, I loved 'The Caves Beyond Time'."
"Oh, did you?" Linda hielt im Abstauben inne. "Thank you. I'm so pleased. You see, Aaron Arkvard Angusson is my pseudonym. I founded *Crazy Bookz* because nobody wanted to publish my Nova Spacewister series. Many crazy manuscripts from other authors have found their way to me over the years. I have a small but very enthusiastic readership."
"Count me in. May I read this one?"
"You can have it."
"Great, thanks."
Ich setzte mich mit dem Buch auf einen gemütlichen Stuhl auf der überdachten Veranda, atmete den Duft des nassen

Bodens ein, fühlte geradezu, wie dankbar die Pflanzen für den Regenguss waren, und las.

Nach einer Weile erschien Halley in der offenen Tür. "Hi Angie, I'm going to the beach. Would you like to come along?"

"To the beach? In this weather?"

"Yes, the light is amazing."

Was für mich einfach nur Regenwetter war, musste sich für ihr Künstlerauge ganz anders darstellen. Das machte mich neugierig. "I'll need a coat and some rubber boots."

Halley lieh mir einen Regenmantel und Gummistiefel, dann fuhren wir los. Nach zwanzig Minuten erreichten wir den Strand. Grün bewachsene Hügel ragten bis ins Wasser und umrahmten eine Bucht. Eine graue Regenwand verstellte die Sicht zum Horizont.

"The Pacific Ocean", sagte ich andächtig. Regen auf dem Meer sieht wahnsinnig trostlos aus, aber dafür riecht es gut. Salzig-moosig-tangig. Der Regen ließ den Sand aufspritzen. Es war ein bisschen wie Nordseefeeling. Ich stapfte an der Wasserlinie hin und her, bis mir eine Welle in die Gummistiefel schwappte.

"It's going to clear up soon", versprach Halley. Sie stand einfach nur da, die Hände in den Taschen ihres Regenmantels vergraben, und sog die Atmosphäre in sich auf.

Tatsächlich rissen kurz darauf die Wolken auf und legten kleine, flauschig umrandete Fenster in dem blauen Himmel frei. Die Lichtstimmung änderte sich laufend. Der Regen ließ nach, die Wolken wurden vom Wind aufs Festland getragen und die Horizontlinie wurde sichtbar, als der letzte Dunst sich verzog. Ich stieg aus den Stiefeln, streifte die Socken ab, krempelte die Jeans hoch und wagte ein paar Schritte ins Wasser, ließ die Wellen nach mir schnappen und juchzte wie ein Kind. Irgendwie kam es mir vor, als wäre ich jetzt erst richtig angekommen, weil ich mich geerdet hatte.

Zurück daheim, stürzte Halley sofort in ihr Atelier, um ihre Eindrücke festzuhalten. Ich stürzte mich auf die Botanik, um meinen Erdungsvorgang fortzusetzen. Ich hatte sowieso Blumenküssentzug. Ob meine Pflanzen daheim es mir übel nahmen, wenn ich hier fremdküsste?
Natürlich ging ich nicht ohne Vorwarnung auf die Topfpflanzen der Cormans los. Ich stellte mich ihnen vor, wie es sich gehörte. "Hi, I'm Angie. I've come all the way from London in a plane. Is it okay if I touch your leaves? Oh, they're so **lush** and green." Ein Küsschen aufs Blättchen und weiter zur nächsten Blume. "Now, just look at yourselves! What sweet little **blossoms** you have! Awesome."
"You'**re** completely **bananas**, aren't you?"
Ich schreckte auf und sah Maureen mit dem Schulrucksack in der Hand in der Wohnzimmertür stehen.
"Not completely, but I'm working on it."
Ironie war an Maureen verschwendet. Sie verdrehte die Augen und schüttelte den Kopf, wobei sie auch noch die Mundwinkel nach unten zog. Die personifizierte Abneigung. "I knew from the start that there was something not quite right about you."
"There's nothing wrong with Angie." Luke quetschte sich an Maureen vorbei und steckte seine Hand in meine. "I've got some **potted plants** in my room. You can kiss them as much as you like."
Zum ersten Mal sah ich Maureen grinsen, wenn auch reichlich boshaft. "Yeah, they're **cacti**."
Rondo kam aus seinem Arbeitszimmer. Seine Augen waren gerötet. "I've been typing all morning. I have to get an article

---

lush [lʌʃ] üppig **blossom** ['blɒsəm] Blüte **to be bananas** [bi: bə'nɑ:nəs] bekloppt sein **potted plant** [ˌpɒtɪd 'plɑ:nt] Topfpflanze **cactus** ['kæktəs], (*pl.* cacti ['kæktaɪ]) Kaktus

finished by four in the afternoon, but I need a break now. You can check your e-mails if you like, Angie."
So entkam ich Lukes Kakteen.
Willow hatte noch nicht geantwortet, also schrieb ich meinem Bruder, in was für ein Abenteuer sein Reiseprogramm mich gestürzt hatte. Nachdem ich den Browser geschlossen hatte, erschien das Fenster mit Rondos Artikel. Nanotechnologie faszinierte mich ungemein, weil sie so viele Chancen, aber auch Gefahren barg.
Ich fand Rondo in der Küche, wo er Linda beim Tischdecken half. Jet war schon zurück. Wie es sich für eine Freundin gehörte, begrüßte ich ihn mit einem Kuss und einem gehauchten: "Hi, darling." Ich wunderte mich, dass niemand durchschaute, wie schlecht ich meine Rolle spielte.
Beim Mittagessen fragte ich Rondo: "Could you print out your article for me? I'd love to read it. I write articles myself under the pseudonym Angie Perlinger." Auch wenn das überhaupt nicht zu Cassie Furlans Image passte, gewann ich so wenigstens einen Teil meiner wahren Identität zurück.
"Fantastic", sagte Rondo. "Maybe you can help me make myself clearer. The prose is a bit **bumpy**. And Jet, I'd love to hear your opinion too."
So setzten wir uns nach dem Essen zu dritt auf die Veranda, mit einer Kanne Kaffee und dem fünfseitigen Ausdruck von Rondos Artikel. Jet fing an und reichte mir jeweils die Seite, die er gelesen hatte.
"Let me know if you **spot** any **typos** or sentences that need to be **rephrased**", bat Rondo.
In der Mitte der zweiten Seite stutzte ich. Da war ein Fehler,

---

bumpy ['bʌmpɪ] holprig **to spot sth.** [spɒt] etw. entdecken **typo** ['taɪpəʊ] Tippfehler **to rephrase sth.** [ˌriːˈfreɪz] etw. umformulieren

der wesentlich schlimmer war als ein Tippfehler oder eine grammatikalische Entgleisung: ein "**glaring error**" gewissermaßen. Konnte es sein, dass Rondos ganze Theorie auf einem Denkfehler beruhte? Ich las den Artikel zu Ende und durchdachte dann alles noch mal. Es konnte keinen Zweifel geben: Rondo hatte so zielgerichtet gedacht, dass er nicht gemerkt hatte, wie er sein Gedankengebäude auf einem wackligen Fundament errichtete.

Jet hatte es auch bemerkt. Er nahm die Blätter wieder an sich, reichte Rondo die zweite Seite und deutete auf den Absatz, der den Denkfehler enthielt. "Dad, maybe you should rethink this paragraph."

"Why?"

"Uhm, it's not quite clear."

Was sollte das denn? Wieso sagte er nicht einfach, dass Rondo Mist gebaut hatte? Blöde Frage, warum wohl? Um Rondos Gefühle nicht zu verletzen.

Es half nichts, da musste ich ran. "Actually, it's not just unclear. There is an error in your **train of thought**." Ich erklärte Rondo, wie raffiniert sein Unterbewusstsein ihn beschummelt hatte, damit er dahin gelangen konnte, wo er hinwollte.

Übung 20: Welche dieser Sätze beziehen sich auf Angie, welche auf Cassie und welche auf beide Personen? Kreuzen Sie an.

1. She writes articles.
   - ☐ Angie
   - ☐ Cassie

---

glaring error [ˌgleərɪŋ ˈerə] dicker Hund **train of thought** [ˌtreɪn əv ˈθɔːt] Gedankengang

2. She's attractive.

☐ Angie

☐ Cassie

3. She enjoys discussing science.

☐ Angie

☐ Cassie

4. She adores sports.

☐ Angie

☐ Cassie

5. She's physically fit.

☐ Angie

☐ Cassie

6. She's good at physics.

☐ Angie

☐ Cassie

"Oh dear. Let me see." Er las den Abschnitt, dachte nach, schüttelte den Kopf über sich selbst. "But of course, this is **utter** nonsense. Jet, why didn't you tell me?"
Jet zuckte mit den Schultern. "I'm sure you would soon have found it by yourself."
Rondo sah seinen Sohn über seine Brillengläser hinweg an. "You were trying to **treat** me **with kid gloves** and break the news to me gently, right?"
"Sort of."
"Good heavens, I planned to send this to the publisher in an hour. Imagine what this would have done to my reputation. I would have been a **laughing stock**."

---

utter ['ʌtə] total **to treat sb. with kid gloves** ['triːt / wɪð 'kɪd glʌvz] jdn. mit Samthandschuhen anfassen **laughing stock** ['lɑːfɪŋ stɒk] Gespött

"You know me, Dad. I can't even tell someone that his **flies** are down."
Rondo nahm die Brille ab und putzte sie an seinem heraushängenden Hemdzipfel. "But this is much worse. It's as if someone's flies are down and his **private parts** are **popping out**."
"You're right. I'm sorry." Jet warf mir einen betont reumütigen Blick zu, der sagen sollte: "I'm sorry I apologized again." Aber ich sah auch ein leicht verschmitztes Grinsen in den Mundwinkeln, das ganz auf Selbstironie hindeutete.
Rondo setzte seine Brille wieder auf und zerriss den Artikel. "So much work, all in vain."
"Not necessarily", meinte Jet. "The basic idea is still brilliant. It's just that the conclusions need to be reworked."
Das war der Beginn einer Diskussion, die bis tief in die Nacht dauerte. Wir warfen uns Stichworte zu, ließen Szenarien entstehen und wieder platzen, reihten Formel an Formel, hatten bescheuerte Ideen und dazwischen geniale Eingebungen. Es war das kreativste Brainstorming, das ich je erlebt hatte. Mehrere Male waren Jets und meine Gedanken dermaßen im Gleichklang, dass einer von uns einen Satz anfing und der andere ihn beendete. Ich war völlig euphorisch.
"This new theory is even more revolutionary than mine", freute sich Rondo, nachdem er seine Notizen in eine sinnvolle Reihenfolge gebracht hatte. "We'll publish this as co-authors. The next deadline is in four weeks, so there's plenty of time to make it watertight."
Der Rest der Familie war bereits schlafen gegangen. Linda hatte in der Küche einen kleinen Snack für uns vorbe-

---

fly [flaɪ] Hosenschlitz **private parts** [ˌpraɪvət ˈpɑːts] Geschlechtsteile
to pop out [ˌpɒp ˈaʊt] heraushängen

reitet. Als Frau eines Wissenschaftlers wusste sie, dass man Denkvorgänge nicht mit so profanen Dingen wie Nahrungsaufnahme stören durfte.
Mental erschöpft, aber körperlich völlig unausgelastet, sprang ich um Mitternacht zu Jet ins Bett und hopste auf meiner Seite herum, als wäre die Matratze ein Trampolin. Ich durchschaute mich dabei ganz genau: Ich benahm mich kindisch, damit Jet die Frau in mir nicht sah. Wenn die Trampolin-Taktik nicht ausreichte, würde ich eine Kissenschlacht anzetteln.
Doch Jet sah mich nicht mal an. Er starrte an die Decke. "I'm worried that I haven't heard anything from Cassie. I sent her three instant messages, but she hasn't replied. I hope she hasn't had an accident."
"I think she's trying to punish you for not coming with her."
"But that's so childish."
Gut erkannt, dachte ich. Wenn er schon so drauf war, konnte ich ihm gleich eine Lektion in Sachen Selbstbewusstsein erteilen. Nach dem nächsten Hopser landete ich auf dem Po und überkreuzte die Beine. "I promised that I'd help you get over your habit of always apologizing."
Jet stützte sich auf einen Ellbogen. "It was more of a **threat** than a promise."
"Anyway, we'll **play-act** the scene in the plane when Cassie got angry because you had looked at the flight attendant, but this time you'll say the right things."
"Go ahead."
"Did you have to stare at her breasts like that?", widerholte ich Cassies Vorwurf.
"Yes, I did because she has such fantastic tits."
"Hey, that was great, quite rude and all", lobte ich ihn. "But

---

threat [θret] Drohung **to play-act sth.** ['pleɪækt] etw. spielen

what we're aiming at isn't **rudeness** but a mix of diplomacy and **self-assertion**. Once more. Did you have to stare at her breasts like that? You could have closed your eyes."
"Only a gay man would have closed his eyes."
"Perfect answer."

Übung 21: Bilden Sie jeweils ein Substantiv aus den folgenden Wörtern.

1. perfect ____________________
2. apologize ____________________
3. promise ____________________
4. threaten ____________________
5. punish ____________________
6. revolt ____________________
7. deny ____________________
8. reply ____________________

Jet rollte sich auf den Rücken zurück. Dummerweise hatte er nicht mitbekommen, dass mein Gehopse ihn zur Seite bewegt hatte. Jetzt lag er so nah am Bettrand, dass er einfach darüber hinausrollte und auf den Boden polterte.
Der Krach musste Luke geweckt haben, denn kurz darauf klopfte es zaghaft und er kam ins Zimmer.
Jet sprang aufs Bett zurück. "Sorry if we woke you, mate."
"Can I sleep in the middle?"

---

rudeness ['ruːdnəs] Unhöflichkeit **self-assertion** [ˌselfə'sɜːʃn] Durchsetzungsvermögen

“Hop in”, sagte ich und lupfte meine Bettdecke.
Er kuschelte sich an mich. “Clara called while you were talking on the **porch**”, murmelte Luke, schon wieder halb eingeschlafen. “She’s on her way back home. We’ll pick her up from the airport tomorrow.”
“Great”, freute ich mich. “I can’t wait to meet that crazy old girl. Oops, sorry, I didn’t mean to sound **disrespectful**.”
Jet grinste mich über Luke hinweg an. “Who’s apologizing now?”

Nine

Ich hätte es ahnen müssen: Eine Powerfrau wie Cassandra Furlan hatte natürlich einen Motorradführerschein. Darum fragte mich Henry nach dem Frühstück: “Angie, what do you think? Should we fetch Clara from the airport together? You can have my second bike.”
“I lost my driving licence for speeding”, schwindelte ich schlagfertig, aber es nützte mir nichts.
“So you can be my **pillion rider** and Jet can ride the second bike.”
Ich fand die Vorstellung, dass Jet seine 75-jährige Großmutter auf dem Motorrad heimfuhr, zwar sehr erheiternd, aber mich bekam man nicht auf so eine Monstermaschine. Nicht, dass ich Angst vor der Geschwindigkeit hätte, es ging um so vernünftige Erwägungen wie Unfallstatistiken und fehlende Knautschzone. “I’d rather stay at home”, sagte ich. “I want to finish reading the Nova Spacetwister book.”

---

porch [pɔːtʃ] Veranda **disrespectful** [ˌdɪsrɪ'spektfl] respektlos
pillion rider ['pɪljən ˌraɪdə] Sozius

Linda lächelte mich an. Phew, dachte ich, **what a narrow escape**!

Doch ich hätte mir die Ausreden sparen können, denn Rondo erklärte: "Clara said we had to fetch her by car. She's got a big surprise. I hope it's not a poisonous snake or something."

Jetzt, da Rondo und Jet Clara mit dem Wagen abholten, wollte ich natürlich unbedingt mit.

"I'll read during the ride", erklärte ich. "After hearing so many interesting stories about Clara, I just can't wait to meet her."

Auf dem Weg zum Flughafen verstieg sich Rondo mal wieder in die wildesten Theorien, diesmal nicht über Nanotechnologie, sondern darüber, was seine Mutter wohl noch alles anstellen würde. "I once told her that some scientists were trying to figure out how to colonize Mars. She wanted to sign up immediately."

Ich dachte im Stillen, dass Clara in ihrer Jugend so eine Art Nova Spacetwister gewesen sein musste – nur, dass ihr die technischen Möglichkeiten gefehlt hatten, sich voll und ganz auszuleben.

Wir stiegen aus dem klimatisierten Wagen direkt in die grelle Mittagshitze und von dort wieder in die klimatisierte Ankunftshalle.

"There she is." Jet rannte so begeistert auf seine Großmutter zu wie ein kleiner Junge.

Clara trug einen Cowboyhut, einen Jeansanzug und ein breites Lächeln. Jet warf sich in ihre weit geöffneten Arme. "You're looking fabulous. Rodeo-riding und white-water rafting really **become** you."

Ach wirklich? Hatte er mir nicht erzählt, dass man Clara

What a narrow escape! [ˌwɒt ə nærəʊ ɪ'skeɪp] Das war knapp!
to become sb. [bɪ'kʌm] jdm. gut stehen

ihr Alter nicht ansah? Ich fand nicht, dass sie jünger aussah als 75, eher wie 90 oder 130. Da fiel der Groschen bei mir: Genau das hatte Jet gemeint, sie sah älter aus, viel älter. Aber der Eindruck verschwand sofort, als sie redete. Ihre Stimme war fest und jugendlich, ihre Mimik lebhaft. "So, you're Jet's girlfriend Cassie? Don't ask me why but somehow I was sure you were going to be a brunette."
Weiter kamen wir nicht mit unserer Begrüßung, denn Rondo rief entsetzt: "What the hell is *that*?"
Neben Clara hockte ein graubraunes Tier, das aussah wie aus lauter Fellresten zusammengenäht.
Clara lachte. "If you don't recognize a dog, son, then I must have been an even lousier mother than you **claim**."

Übung 22: Steigern Sie die folgenden Adjektive, wie im Beispiel angegeben.

1. a lousy mother ______ *a lousier mother* ______
2. an exciting trip ______________________
3. a crazy idea ______________________
4. a disrespectful remark ______________________
5. a cheeky boy ______________________
6. an athletic figure ______________________
7. a remote destination ______________________

Rondo kratzte sich hinterm Ohr. "It could just as well be some **mangy** coyote. Where did you get him?"

---

to claim [kleɪm] behaupten **mangy** ['meɪndʒɪ] räudig

"From the duty-free shop", erklärte Clara todernst.
Rondo seufzte hörbar.
"He's a **stray**." Clara kraulte den Hund, der ausgiebig gähnte, hinter den Ohren. "He was in a miserable state when I found him. It's hard to imagine, but a mere two weeks ago he wasn't as beautiful and **well-groomed** as he is now."
Ich schaute den total zerzausten Hund an. Er schaute mit müdem Blick zurück, als wollte er sagen: "It's all about inner values, you know."
"So, this is Fourth of Four, then."
Clara schüttelte den Kopf. "I've named him Robert."
"Robert?! You've named this **repulsive** beast Robert!" Rondo war außer sich. "Why didn't you call me Robert if you like the name so much? Why did you have to call me Rondo?"
"Because the **registrar** wouldn't let me call you Bolero."
Jet streichelte Robert, obwohl sein Vater es nötiger gehabt hätte, vor allem als Clara darauf bestand, dass Rondo den Hund und das Gepäck nach Hause brachte.
"I want to show Cassie around a little", sagte sie. "There's so much to see in Sydney."
Widerstrebend nahm er die Leine, die Clara ihm in die Hand drückte. "Aren't you tired after the long trip?"
Sie hakte mich unter. "I'm never tired. Come on, Cassie, let's **paint the town red**."
Jet nahm Claras freien Arm. "She prefers to be called Angie. It's her second name."
Clara stutzte. "So why did you call her Cassie in all your letters?"

---

stray [streɪ] Streuner **well-groomed** [ˌwel'gru:md] gepflegt **repulsive** [rɪ'pʌlsɪv] widerwärtig **registrar** [ˌredʒɪ'strɑ:] Standesbeamte
to paint the town red ['peɪnt ðə ˌtaʊn 'red] einen draufmachen

Jet zuckte die Schultern.
Clara war so klug, wie sie sportlich war. Das gefiel mir.
Mit einem Taxi fuhren wir nach The Rocks, dem ältesten Stadtteil. Mit Museen hielt Clara sich nicht auf. Sie spielte den Fremdenführer und zeigte mir interessante Orte, an denen wichtige historische Ereignisse stattgefunden hatten.
Zuerst ging es zum Hafen. "This is where the First Fleet stepped ashore in 1788 and the British settlement of Australia was first established. Just twenty years later, my ancestor arrived here", erzählte sie stolz.
Als wir die Straßen von The Rock durchstreiften, blieb sie vor einem Sandsteingebäude stehen. "The cottage was built by **convicts** in 1830. This is where I met Rondo's dad."
Ich wollte mich gerade erkundigen, was aus Claras Mann geworden war, da zog sie uns schon in das Gebäude hinein. "There's a tea garden inside. And I'm very thirsty."
Wir stärkten uns bei Tee und Gebäck, dann ging die Tour weiter. "This is the Sydney Opera house. It was built by a Danish architect in – when was it again?"
"It was completed in 1973", half Jet aus.
"Right, that was the year you were born."
Ich mochte es, wie sie historische Ereignissen mit ihrer Familiengeschichte koppelte. Die Führung fand ihren Höhepunkt im Bicentennial Park, wo sie uns an einer abschüssigen Stelle stolz erzählte: "This is where I broke my left wrist as I was trying to break my inline skates downhill speed record in 2000, the year Sydney **hosted** the Olympic Games."
Bis dahin war es ein wunderschöner Tag gewesen, doch dann kündigte sich eine Katastrophe an. Wir standen an der Harbour Bridge, die von den Syndeysidern Coat Hanger

---

convict ['kɒnvɪkt] Strafgefangener **to host sth.** [həʊst] etw. ausrichten

genannt wurde, wie Clara mir erklärte, und schauten den Motorboten und Ausflugsschiffen zu, als Clara aus heiterem Himmel sagte: "With a bit of luck, we'll be able to get tickets for the Harbour Bridge Climb."
"Climb" ist kein Wort, das ich gerne höre.
Jet baute sich in allerbester Bodyguardmanier vor mir auf. "Clara, to tell the truth, I'm not in the mood for climbing today. Let's do it another day. It will be getting dark soon, anyway."
"Nonsense", meinte Clara resolut. "The **twilight** climb is the best."
"Yes, but it's also the most expensive."
Irgendwie ärgerte es mich, dass Jet für mich sprach, als wäre ich ein kleines Kind, das sich nicht selbst zur Wehr setzen konnte.
Clara schob Jet zur Seite. "The view you'll get just as the sun is setting and the city lights are switching on is an experience you'll never forget."
Wieder antwortete Jet für mich. "Angie has seen so many **stunning** views today that she must be exhausted."
Clara blieb stur. "Piffle!", schnaubte sie, was so viel bedeutete wie "nonsense". "With her sense of adventure and ... and she's certainly fit enough."
Aus schierem Trotz Jet gegenüber sagte ich: "I have come all the way to the other side of the world, so I'm certainly not going to miss out on one of the major attractions here."
"There", freute sich Clara. "I'll see if I can get any tickets. It's not very likely, as we didn't book in advance, but it can't hurt to try."

---

twilight ['twaɪlaɪt] Dämmerung **stunning** ['stʌnɪŋ] fantastisch

"What's the matter with you?", fragte Jet, sobald sie außer Hörweite war. "I thought you were scared of heights?"

Übung 23: Setzen Sie die angegebenen Substantive richtig ein.
(bridge, behaviour, heights, metres, rope ladders, harbour, difference, fault)

"I'm just not very comfortable with **1.** ______________.

There's a bit of a **2.** ______________."

"And you think that you can get all the way up there?" Er streckte den Arm aus. "134 **3.** ______________ above the **4.** ______________ right to the top of the **5.** ______________?"

Mir stockte der Atem, als mein Blick Jets Finger folgte. "And as long as there are no **6.** ______________ involved", versuchte ich meinen Schreck zu überspielen. "It's your **7.** ______________. Your **patronizing** **8.** ______________ made me angry." Entsetzt stellte ich fest, dass ich mich genau wie Cassie anhörte.

Er fixierte mich mit zusammengekniffenen Augen. "I was only trying to protect you."
"I'm old enough to protect myself."

---

to patronize sb. [ˈpætrənaɪz] jdn. gönnerhaft behandeln

"Clara can be very insistent. I knew you wouldn't stand a chance against her. I was trying to help you try out."
Er klang richtig erbost. Das gefiel mir. "Jet, that was great. You got cross and talked back to me. You're learning quickly. Keep it up."
Meine Freude wich blankem Entsetzen, als Clara erfolgreich zurückkehrte. "We're lucky. A group of four booked tickets but can't go on the climb because they're stinking of **booze** to high heaven. So their reservations were cancelled and the tickets were available."
Hätte ich das gewusst, hätte ich im Tea Garden statt einer Kanne Tee eine Flasche Wein getrunken!
Kleinlaut fragte ich: "Are we really going up *there*?"
Clara lächelte. "Yes, why?"
"I thought bridge climb meant that we would be climbing from water level up to street level. Nobody but a member of the service team or a **daredevil** can climb up there."
Clara lachte. "I love your British sense of humour."
Wir gingen zum Sammelpunkt. Ich ließ meinen Blick über die kleine Gruppe der Wartenden schweifen und stellte beruhigt fest, dass einige darunter waren, die wesentlich unsportlicher aussahen als ich. Dummerweise trug keiner ein T-Shirt mit der Aufschrift: "I'm terribly scared of heights but I know I can climb that darn bridge." Das hätte mir irgendwie Mut gemacht.
Der "personal climb leader" – gewissermaßen unser Expeditionsleiter – erschien und führte uns in einen Raum, in dem er jeden von uns in einen Alkoholtester pusten ließ. Dann verteilte er Klemmbretter, auf denen ein Formular steckte, das wir ausfüllen sollten. Er war ein junger Mann, der einen

---

booze [bu:z] Alkohol **daredevil** ['deədevl] Teufelskerl

grauen Ganzkörperanzug trug und ständig lächelte. Ich überlegte noch, ob ich ihn vertrauenswürdig fand, da machte er alle Sympathien zunichte, indem er sagte: "Welcome to the three-and-a-half hour experience that will leave you breathless with **awe**."

"Three and a half hours?", raunte ich Jet zu.

"That includes the one hour's preparations", gab er zurück. "So the climb itself is only two and a half hours."

Sollte Jet etwa zu Ironie fähig sein? Oder gar zu Zynismus?

"You will be provided with a suit like the one I'm wearing, which you'll put over your clothes", sagte der Exkursionsleiter. "The suit is a result of 18 months of research. It's comfortable, suitable for all weather conditions and it looks pretty good too."

"Why is it grey?", fragte Clara. "Red would look a lot better."

"The suits help **camouflage** the climbers so they don't distract the car drivers. The fabric is a **tear-resistant** nylon material featuring nano-dry technology."

Jet beugte sich zu mir. "My dad would like that."

Wir legten unsere Wertsachen in Schließfächer, gingen durch einen Metalldetektor und stiegen in die Anzüge, zu denen eine Sicherheitsausstattung gehörte, die der Exkursionsleiter erklärte: "The **harness** attaches you to a **static line**. With the help of the radio and headset you will be able to hear my commentary during the climb. The **head-mounted caving lamp** will guide you after **nightfall**."

---

awe [ɔː] Ehrfurcht **to camouflage sb.** ['kæməflɑːʒ] jdn. tarnen **tear-resistant** ['teərɪˌzɪstənt] reißfest **harness** ['hɑːnɪs] Geschirr **static** ['stætɪk] fest **line** [laɪn] Seil **head-mounted** ['hedmaʊntɪd] am Kopf befestigt **caving lamp** ['keɪvɪŋ læmp] Grubenlampe **nightfall** ['naɪtfɔːl] Einbruch der Dunkelheit

"I'll ask him if you can keep the **gear** and safety equipment afterwards", flüsterte Jet in mein Ohr. "It could help you get up to my tree house."
Ich grinste pflichtschuldig, doch ich hatte den Verdacht, dass er mich abzulenken versuchte.
Der Exkursionsleiter sagte freundlich: "In a minute we will go into the climb simulator that will give you a feel for the ladders and steps. If anyone of you is afraid of heights, please let me know. I will put you at the front of the group so that I can take better care of you. This experience has helped lots of people overcome their fears."
Jet hob den Arm, doch ich zog ihn sofort wieder runter. "Don't patronize me again", zischte ich. "Once and for all: I'm not afraid of heights. I just don't like seeing the ground so far below me, that's all."
Schließlich ging es los. Wir traten aus dem Gebäude und befanden uns unterhalb der Straße. Der Steg, über den wir liefen, war einfach nur ein Gitterrost, wie man ihn über Kellerschächten findet. Ich gehe um Gitterroste normalerweise herum. Hier hätte ich dafür übers Geländer klettern und ins Wasser springen müssen. Dann fing die Konstruktion auch noch zu vibrieren an, als das Dutzend Expeditionsteilnehmer sich in Bewegung setzte. Jetzt fehlte nur noch, dass sich irgendwo eine dicke, fette Spinne abseilte.
Im Gänsemarsch folgten wir dem Exkursionsleiter. "We'll climb up a series of ladders", kam seine Stimme aus dem Kopfhörer. "Now we're level with the road."
"Jingoes!", freute sich ein bärtiger Mann, von dem ich schon während der Vorbereitungen eine Menge australischer Wörter gelernt hatte, die Begeisterung ausdrückten.

---

gear [gɪə] Ausrüstung

Clara war vor mir, Jet hinter mir. Ich versuchte mir einzureden, dass sie mich wie ein Beschützerteam einrahmten, während wir die nächste steile Treppe erklommen. Nach einer Weile überkam mich ein Gefühl von Unwirklichkeit. Rechts das Wasser, links die Straße, von der wir uns rapide in Richtung Himmel entfernten. Ich befand mich weit, weit außerhalb meines natürlichen Lebensraums. Es war so typisch für mich! Andere Menschen mit einer gewissen Tendenz zur Flugangst machen vielleicht mal einen Rundflug über eine mittelgroße Stadt – ich musste natürlich ans andere Ende der Welt fliegen. Und wenn ich schon eine Brücke bestieg, obwohl ich nicht ganz schwindelfrei war, dann gleich "the world's largest **steel-arch bridge**", wie der Exkursionsleiter uns stolz erzählt hatte. Ich musste auf eine sehr destruktive Art größenwahnsinnig sein oder vielleicht schlicht und einfach wahnsinnig.

Übung 24: Ergänzen Sie den fehlenden Superlativ.

1. Mount Everest, at 8,850 m, is the ________________ mountain in the world.
2. The Dead Sea shore, at 417.5 m below sea level, is the ________________ point on land in the world.
3. The ________________ gold nugget in the world (215 kg) was found in Australia.
4. The Australian Giant Kangaroo (now extinct) at 2.6 m was the ________________ kangaroo in the world.

---

steel-arch bridge ['sti:lɑ:tʃ ˌbrɪdʒ] Stahlbogenbrücke

Es war aber auch wahnsinnig schön, so etwas zu tun, es fühlte sich ganz besonders lebendig an. Nach einer Weile ertappte ich mich dabei, wie ich selber "Jingoes" rief, als mein Blick immer weiter reichte, vom Meer bis zu den Bergen, dazwischen die Häuser, die aus dieser Höhe wie ineinander verschachtelt aussahen. Dämmerung senkte sich über die Stadt.
"See the lights of Sydney flickering all around you", kam es aus dem Kopfhörer.
"Isn't it romantic?", seufzte der weibliche Teil eines Liebespaars.
Dann war es geschafft, der Exkursionsleiter zückte eine Digitalkamera und verkündete: "We're on the top. Please smile for the camera."
Ich sah Halt suchend nach links zu Clara, dieser gealterten Ausgabe eines weiblichen Indiana Jones, und wurde überschwemmt von einer Woge der Zuneigung. Ich sah nach rechts zu Jet, der gerade Clara anlächelte. Sein Gesicht wirkte im Licht des Sonnenuntergangs geradezu überirdisch schön. Und dann, ganz ohne Vorwarnung, verliebte ich mich in ihn. In meinen Ohren rauschte es, mein Herz hämmerte wie verrückt, meine Beine wurden zu Pudding. Ich konnte gerade noch " Jingoes" hauchen, dann verlor ich das Bewusstsein.
Als ich wieder zu mir kam, wollte ich am liebsten gleich wieder in Ohnmacht fallen, weil mir sofort klar war, dass alle denken würden, ich wäre vor Angst umgekippt. Wie peinlich! Jet würde mich mit Vorwürfen überschütten, weil ich so leichtsinnig gewesen war, diese Exkursion überhaupt mitzumachen. Nein, würde er nicht, dachte ich dann. Er war nicht der Typ dafür. Eher würde er sich selbst bittere Vorwürfe machen, dass er es nicht verhindert hatte.
Oh, mein süßer, harmoniesüchtiger, viel zu selbstkritischer Jet! Es gab so viele Orte, an denen ich mich in ihn hät-

te verlieben können: in der Hollywoodschaukel, bei einer Weinprobe, von mir aus auch am Flughafen. Aber nein, es passierte mir in schwindelerregender Höhe. Was würde jetzt geschehen?

Meine Sinne begannen die Außenwelt wahrzunehmen. Aufgeregte Stimmen, eine Hand an meiner Halsschlagader, dann die besänftigenden Worte des Exkursionsleiters, wohl an Jet gerichtet: "The rescue team is on its way. But it'll take a while for them to make it here."

Befand ich mich in stabiler Seitenlage? Es fühlte sich so an. Schrecklich unbequem, auch wegen des harten Betons der Brücke. Ich drehte mich auf den Rücken und versuchte zu sagen: "I can climb back down myself." Es kam heraus als: "Bsssslf."

"I think she's coming round", hörte ich Claras Stimme und klappte die Augen auf.

Vielleicht wäre ich wirklich wieder zu Kräften gekommen und hätte dem Rescue Team ein Stück entgegengehen können, wenn ich nicht den Fehler gemacht hätte, Jet anzusehen, der sich in dem Moment zu mir herunterbeugte. Sofort überfiel mich wieder dieses zärtliche, alle meine Muskeln außer Funktion setzende Gefühl von Liebe und ich verlor erneut das Bewusstsein.

Alles, was dann passierte, bekam ich nur ganz verschwommen mit. Ich wurde auf eine Trage gelegt. Meine Welt schwankte. Jemand sagte etwas von einer "**extendable** ladder", was mir gar nicht gefiel, also ließ ich die Augen schön geschlossen.

Clara erklärte jemandem etwas, Cassies Name fiel. Jet protestierte, ich wusste nicht, wogegen. Eine Sauerstoffmaske

---

extendable [ɪk'stendəbl] ausziehbar

auf meinem Gesicht, eine Taschenlampe, die in mein rechtes Auge leuchtete. So viel Aufwand, und alles nur, weil ich von schlapp machenden Hormonen überschwemmt wurde. Oder weil meine Dopaminrezeptoren verrückt spielten? Da gab es einiges zu erforschen. Ich musste unbedingt ein paar Neurologen interviewen und einen Artikel darüber schreiben.

Ten

Am nächsten Vormittag ging es mir schon wieder prima, wenn man davon absah, dass ich mich in einem Krankenhaus befand und seit dem gestrigen Abend eine Reihe von lästigen Untersuchungen und noch lästigeren Fragen über mich hatte ergehen lassen müssen. Nein, ich nahm keine Drogen. Nein, ich litt weder an Malaria noch an Epilepsie. Nein, Höhenangst kannte ich nur vom Hörensagen. Und diese australischen Ärzte! Sie schlossen mich an einen Blutdruckmonitor an und rätselten über die Schwankungen. Auf die Diagnose "Akutes Verliebtsein" kamen sie natürlich nicht.

Übung 25: Bringen Sie die folgenden Ereignisse in eine chronologische Reihenfolge.

a. ☐ Clara booked tickets for a bridge climb at twilight.
b. ☐ They drove to the Rocks, the oldest part of Sydney.
c. ☐ Angie fell in love with Jet.
d. ☐ They saw where the First Fleet had landed in 1788.
e. ☐ Angie was **rushed to hospital**.
f. ☐ They got ready for the climb.

---

to rush sb. to hospital [ˌrʌʃ / tə ˈhɒspɪtl] jdn. auf dem schnellsten Weg ins Krankenhaus bringen

g. ☐ They drove to Harbour Bridge.
h. ☐ Angie collapsed.
i. ☐ They saw the lights flickering around beneath them.
j. ☐ They had tea and cake in an old sandstone cottage.
k. ☐ They reached the top of the bridge.

Es hatte mich diesmal viel schlimmer erwischt als die drei Male davor. Das lag wohl daran, dass ich Jet schon kannte, als es passierte. In den anderen Fällen war es zweimal Liebe auf den ersten Blick gewesen, und mit Nummer drei hatte ich davor lediglich in leicht beschwipstem Zustand geflirtet. Aber mit Jet hatte ich schon so viel erlebt, und das rund um die Uhr. Ich hatte unter allen möglichen Umständen neben ihm geschlafen: im Flugzeug, unter freiem Himmel, im Doppelbett mit einem Kind zwischen uns.

Ich hatte viel mit ihm zusammen gelacht. Meiner Erfahrung nach gibt es einen Zusammenhang zwischen dem Lachen eines Mannes und den Geräuschen, die er beim Sex macht. Wenn jemand meckernd oder grölend lacht, kommt er für mich als Bettpartner schon mal überhaupt nicht in Frage. Jet hatte das angenehmste Lachen, das ich je gehört hatte, ein warmes, wohltuendes Geräusch, mit einem Hauch Kehligkeit und einem unterschwelligen Glucksen. Sehr sexy!

Ich hatte ihn unter der Dusche singen gehört. Laut der Umfrage einer Frauenzeitschrift, aus der Willow mir hin und wieder vorlas, sind Männer, die beim Duschen singen, besonders unverkrampfte, fantasievolle Liebhaber.

Doch hatte ich Chancen bei ihm? Ich hatte mich schrecklich prüde angestellt die letzten Tage, und mit Ruhm bekleckert hatte ich mich auch nicht gerade, jedenfalls nicht, wenn es um turnerische Höchstleistungen ging. Dass Jet mit einer Frau wie Cassie zusammen war, bedeutete sicher, dass er auf energische Sportlerinnen stand, nicht auf intellektuelle Chaotinnen wie mich. Da konnte ich noch so sehr Sternbilder erkennen und nanotechnologische Zusammenhänge durchschauen – dadurch wurde ich für Jet wohl kaum zum Objekt der Begierde. Immerhin konnte ich zielen und werfen, wie ich am Flughafen bewiesen hatte. Bestimmt hatte Luke einen Bumerang, mit dem ich eine kleine Demonstration meiner ballistischen Geschicklichkeit geben könnte.

Oder ich tat das, was jede normale Frau tut, wenn sie einen Mann erobern will: Ich wurde zudringlich.

Ich überlegte gerade, ob ich Jet mit meiner Liebe infizieren konnte und ob Küssen nichts weiter war als der Versuch, Liebe durch Tröpfcheninfektion zu übertragen, da ging die Tür auf und die Cormans quollen ins Krankenzimmer. Was für eine hinreißende Familie, die aus einem Krankenbesuch gleich einen richtigen Wochenendausflug machte!

“Hey, where are the four hyperintelligent dogs?”, fragte ich so munter wie möglich. Ich wollte kein Mitleid und vor allem nicht noch mehr Fragen. Doch Desinteresse konnte ich nur von zwei Personen erwarten: Halley sah sich im Krankenzimmer um, als erhoffte sie sich davon künstlerische Inspirationen, und Maureen lehnte sich in eine Ecke und tat so, als würde sie weder mich noch die Frau im Nachbarbett bemerken.

Rondo und Linda griffen nach meiner Hand, tätschelten sie abwechselnd und benahmen sich wie besorgte Eltern, was ich rührend fand, wo sie mich doch erst seit wenigen Tagen kannten.

“I knew my mother would get you into a mess”, sagte Rondo düster. “It’s not the first time.”

“It wasn’t Clara’s fault”, beeilte ich mich zu versichern.

Clara, Henry und Jet waren offensichtlich mit Motorrädern da, denn sie trugen Lederkleidung. Jet sah darin wahn-

sinnig gut aus. Ich traute mich kaum, ihn anzusehen. Still und etwas blass trotz der Sonnenbräune lehnte er an der Tür, den Motorradhelm mit beiden Händen vor den Bauch gepresst. Er sah mich an und dabei doch irgendwie durch mich hindurch. Ich fragte mich, was wohl in ihm vorging.
Luke setzte sich an den Bettrand. "Did they bring you down in a helicopter?", fragte er neugierig.
"I'm not sure, I don't remember much about the rescue", gestand ich.
Clara holte aus einer Reißverschlusstasche ihres Lederoveralls einen Zeitungsausschnitt. "Then this might help."

Model in Distress Causes Traffic Delays

What started as a romantic twilight experience turned into a rescue operation. Twenty-eight year old model Cassandra Furlan – well-known by readers of *Outdoor Extreme* and other sport magazines – and her boyfriend had just reached the highest spot of the Harbour Bridge, when Cassandra suddenly fainted. **Paramedics** climbed the bridge, stabilised her and carried her down to the southern **pylon**, where she was lowered to the ground with the help of a fire truck with an extendable ladder. The Cahill expressway had to be closed and south bound motorists experienced delays.

Mir wurde heiß und ich schlug die Decke zurück. "How **embarrassing**."
Endlich sagte Jet auch etwas. "I wish Clara hadn't told them who you are." Seine Stimme klang völlig flach, so als

---

paramedic [ˌpærəˈmedɪk] Sanitäter **pylon** [ˈpaɪlɒn] Stahlmast
embarrassing [ɪmˈbærəsɪŋ] peinlich

würde er etwas unterdrücken: Ärger, Wut? Oder etwas noch Schlimmeres? Bestimmt bereute er längst, dass er sich mich auf den Hals geladen hatte.
Eine Krankenschwester kam herein und zwängte sich mit dem Tablett zwischen meinen zahlreichen Besuchern durch. Luke schob den zusammenklappbaren Tisch übers Bett, damit sie das Tablett abstellen konnte, und hob den Metalldeckel vom Hauptgang. Zum Vorschein kam graubraunes Fleisch, matschiges Gemüse und Spiralnudeln.
Linda zog den Tisch angewidert beiseite. "Hospital food isn't very **appetizing**." Sie holte eine Tupperschüssel aus ihrer riesigen Handtasche, nahm den Deckel ab und reichte sie mir samt einer Plastikgabel. "I made potato salad for you. That'll build you up."
"Thank you." Ich aß langsam kauend und immer noch schwer damit beschäftigt, meine Gefühle zu sortieren. Ich wollte Jet lächeln sehen. Ich wollte, dass er mich in die Arme schloss und sagte: "I'm so glad you're fine. I was terribly worried." Aber er blieb auf Abstand, sowohl körperlich als auch emotional. Am liebsten hätte ich alle weggeschickt, damit ich unbeobachtet in mein Kissen schluchzen konnte.
Clara tauchte einen Finger in die Sauce, in der das Fleisch schwamm, und leckte ihn ab. "Not very yummy, but I had to eat worse food after I survived a plane crash in the Amazon jungle."
Rondo hielt sich am Monitor fest, der meine schwankenden Blutdruckwerte mit erschreckender Präzision anzeigte. "You were in a plane crash? When? What happened? Why haven't you ever told us anything about it? You're making this up, aren't you?"

---

appetizing [ˈæpɪtaɪzɪŋ] appetitlich

Clara stellte den Deckel auf das Mittagessen zurück. "It was a long time ago. Linda was pregnant at the time and I didn't want to upset her. Rescue troops found me three days later. I was a little **undernourished** but otherwise fine. No injuries."
Rondo wurde so blass, dass ich ihm eine Gabel mit stärkendem Kartoffelsalat hinhielt. Er aß wie auf Autopilot. "That's the limit", nuschelte er mit vollem Mund. "I'm going to **disinherit** you, mum. No, wait, it's the other way round. I'm going to ask you to cut me out of your will. There!"
Luke, der sich über den Nachtisch hergemacht hatte, eine giftgrüne Götterspeise, fragte mit unverhohlener Sensationslust: "What did you have to eat in the Amazon, grandma? Was it really **yucky**? Spiders, frogs, **maggots**?"
"Worse", sagte Clara. "Much, much worse." Sie grinste in die Runde.

Übung 26: Was sagt Clara gleich? Wählen Sie die beste Pointe (punch line).

a. ☐ "I had to eat my words."
b. ☐ "I had to eat alligator meat."
c. ☐ "I had to eat **leftovers** from the inflight meals."

Ich bekam keine Luft mehr, keuchte, rang nach Atem. Diesmal war die Diagnose eindeutig: verschluckt wegen Lachkrampf. Clara schlug mir beherzt auf den Rücken. Das Zwiebelstückchen, das mir in die Luftröhre geraten war, wurde hochgeschleudert, als ich kräftig hustete.
Trotz dieses kleinen Rückfalls wurde ich bei der anschließen-

---

undernourished [ˌʌndəˈnʌrɪʃt] unterernährt **to disinherit sb.** [ˌdɪsɪnˈherɪt] jdn. enterben **yucky** [ˈjʌkɪ] eklig **maggot** [ˈmægət] Made **leftovers** [ˈleftəʊvəz] Reste

den ärztlichen Visite als geheilt entlassen. Die Cormans warteten auf dem Flur, während ich mich, noch etwas wackelig auf den Beinen, wusch, anzog und von der Frau im Nachbarbett verabschiedete.
Auf der Heimfahrt bestand unsere Kolonne aus zwei Motorrädern und zwei Autos. Ich kam mir vor wie ein VIP mit Eskorte.
Anderthalb Stunden später waren wir daheim und Linda fragte: "Would you like to lie down a little?"
Ich begrüßte die Hunde, dir mir schwanzwedelnd entgegenkamen. "Thanks, but I've been **idle** for long enough. I'd rather get some fresh air."
Luke hopste herum und rief: "Let's go surfing."
"I don't think –", begann Jet, aber da hatte ich schon begeistert "Splendid idea!" gerufen, was mir einen Kuss von Luke einbrachte, ein Kopfschütteln von Maureen und einen verzweifelten Blick von Jet.
"I don't think", ließ er nicht locker, "that it would be good for you in your condition."
"Oh my gosh", platzte Maureen heraus. "She's pregnant. That's why she's so pale and dizzy all the time."
Ich zog meinen flachen Bauch noch etwas weiter ein. "No, I'm not. Jet was referring to my **blood pressure**. But I don't plan to surf, I just want to watch the others. What I need right now are waves, a fresh salty breeze and some nice, warm sand."
Mehr Argumente brauchte es nicht, sogar Maureen machte sich begeistert daran, ihre Strandsachen zu packen. Alles wuselte davon, bis nur noch Jet und ich im Flur standen.
"I think I'll go and get my cozzie", sagte ich. Wenn Jet sich

---

idle ['aɪdl] faul **blood pressure** ['blʌd ˌpreʃə] Blutdruck darüber freute, dass ich mir seine kleine Australisch-Lektion gemerkt hatte, so verbarg er es gut hinter seiner gerunzelten Stirn.

“Angie”, begann er. “Look ... this is ... ah, well, let’s talk about it later.”

Wir gingen nach oben in unser Zimmer. Er verschwand sofort im Bad.

Was war nur mit ihm los, überlegte ich, während ich von dem Bikini, den ich im Einkaufszentrum erstanden hatte, das Preisschild abschnitt.

Hatte er Angst, ich könnte beim Anblick einer großen Welle schon wieder in Ohnmacht fallen? Hielt er mich für völlig schwach und unfähig? Sehnte er sich nach der starken, schwindelfreien Cassie? Er versuchte nicht mal mehr, seiner Rolle gerecht zu werden, sonst hätte er mich im Krankenhaus wenigstens geküsst. Anscheinend war es ihm mittlerweile egal, was seine Familie dachte.

Ich fühlte mich total elend, denn es sah aus, als müsste ich mich damit abfinden, dass Jet auf Powerfrauen stand und dass ich, feminin und von nicht gerade stahlharter Konstitution, sein Herz niemals erobern würde, auch wenn ich blitzgescheit und bestimmt alles andere als langweilig war.

Ob ich mich im Schnellverfahren entlieben konnte? Die Antwort darauf lautete eindeutig nein, denn als Jet aus dem Bad kam, umgezogen und wieder herrlich nach Männerparfum duftend, bekam ich wahnsinnige Lust, ihn zu berühren. Und sei es nur seine Hand. Oder sein Ohrläppchen. Egal was, ich brauchte Körperkontakt.

“Please take me in your arms”, hörte ich mich sagen und erwartete eine glatte Abfuhr.

Doch Jet war viel zu nett, um mich zurückzuweisen. Er

nahm mich in seine Arme und hielt mich einen seligen Augenblick lang an sich gedrückt. "Angie, promise to take better care of yourself. Don't take any unnecessary risks."
"I promise." Ich atmete das Gefühl seiner Nähe ein, diese sinnliche Mischung aus Wärme und Pheromonen.
Für einen Moment war ich glücklich, doch dann piepste Jets Handy und er zog es eilig aus der Hosentasche. Seinem enttäuschten Gesicht sah ich an, dass es keine SMS von Cassie war, sondern wahrscheinlich von einem seiner "Mates". Was würde passieren, wenn Cassie sich tatsächlich melden sollte? Oder – schlimmer noch – wenn sie aufkreuzte? Dann war ich abgemeldet, nicht nur bei Jet, sondern auch bei seiner Familie.
Der Strand, an den wir fuhren, war ein anderer als der, den Halley mir im Regen gezeigt hatte. Keine beschauliche Bucht, sondern kilometerweit Sand, Surfer, Sonnenanbeter und Eisverkäufer. Henry klappte ein paar Liegen auf, Rondo steckte für mich einen Sonnenschirm in den Sand und Luke rieb mich mit Sonnenmilch ein. Da seine Finger sandig waren, bekam ich ein Rückenpeeling gratis dazu.
Zufrieden hockte ich auf meiner Liege, leckte das Eis, das Halley mir spendiert hatte, und sah aufs Meer hinaus.
Wellen sind etwas herrlich Beruhigendes, jedenfalls bis zu einer Höhe von zwanzig Zentimetern. Aber hier türmten sie sich meterhoch auf, während um mich herum alles tobte: Kinder, Hunde, braun gebrannte Männer. Sogar die stille Maureen wurde zum Wildfang und paddelte auf einem Surfbrett in die wogende Brandung hinaus.
Kann ein Mann im Neoprenanzug sexy sein? Jet konnte es. Wenn er auf einer Welle heranrauschte, wummerte mein Herz. Wenn er wieder hinauspaddelte, wäre ich am liebsten hinterhergesprungen.

Linda war die Erste, die sich schließlich ausgetobt hatte und mir Gesellschaft leisten kam. “I hope you’re not bored.” Sie holte eine Cola aus der Kühltasche und nahm einen Schluck. “I’ve got a book for you in my bag somewhere.” Nach einigem Wühlen brachte sie es zum Vorschein. “It’s my non-fiction bestseller, ‘Surfing on **Erupting** Volcanoes and Other Impossible Leisure Activities’.”

Übung 27: Ergänzen Sie die fehlenden Buchstaben der gesuchten Wörter – sie alle benennen Freizeitaktivitäten, die in Australien ausgeübt werden.

1. D _ _ ing in the Great Barrier Reef. The best way to see the corals and the fish close up.
2. C _ _ _ ing in the outback. Don’t forget to bring a tent.
3. F _ _ _ ing on the New South Wales coast. Don’t forget to bring some **bait**.
4. S _ _ ing in the Victoria High country. Enjoy the **slopes**.
5. Hang g _ _ _ ing at Bald Hill. Enjoy the view.
6. H _ _ ing in Queenstown. Enjoy walking around the lakes.

“Just my kind of book”, meinte ich lachend, aber ich verfolgte lieber weiter Jets Wellenritt, als zu lesen. “Your son is so absolutely **smashingly** gorgeous”, entfuhr es mir.
“Ah, I knew it.” Linda setzte eine Sonnenbrille auf und lehnte sich auf ihrer Liege zurück. “I knew this was different.”

---

to erupt [ɪ'rʌpt] ausbrechen **bait** [beɪt] Köder **slope** [sləʊp] Hang **smashingly** ['smæʃɪŋlɪ] umwerfend

"What do you mean?"
"Jet has always been a **womanizer**, so his relationships so far have been superficial. When he moved to London, far out of my reach, I was thrilled for him, on the one hand, because it was such a great opportunity, career-wise. But on the other hand I was worried that he might end up marrying the wrong woman. In the years before he left he dated a **string** of girls who were all of the same kind. You know – sporty, adventurous, **extrovert** and very **ambitious**. What he told me about you on the phone sounded very much like you were another one of that type."
So war sie ja auch – die richtige Cassie. Das wäre ein guter Moment gewesen, um den Schwindel endlich aufzuklären, aber ich fand, dass ich einen solchen Schritt erst mit Jet absprechen sollte. Also ließ ich Linda weiterreden.
"I was **agreeably** surprised when you turned out to be intelligent, **laid-back** and funny. And not such a superwoman." Sie hob die Sonnebrille kurz an und blinzelte mir zu. "This is really meant as a compliment. I think you're the first woman he's seriously in love with. Just the way he looks at you ..." Sie seufzte zufrieden, klappte den Kopfteil der Liege runter und drehte sich auf den Bauch.
Wie hatte sie das gemeint: Wie er mich ansah? Soweit ich das beurteilen konnte, waren seine Blicke bisher alles andere als verliebt gewesen. Eher amüsiert, verwirrt oder genervt. Aber Linda deutete das offensichtlich anders, passend zu ihrem mütterlichen Wunschdenken.
Als Nächste kam Clara an Land. Sie legte ihr knallrotes Surf-

---

womanizer ['wʊmənaɪzə] Frauenheld **string** [strɪŋ] Reihe
extrovert ['ekstrəvɜːt] extrovertiert **ambitious** [æm'bɪʃəs] ehrgeizig
agreeably [ə'griːəblɪ] angenehm **laid-back** [ˌleɪd'bæk] gelassen

brett ab und schälte sich aus dem Neoprenanzug. Darunter trug sie einen gelb-rot-gestreiften Triangel-Bikini, dessen Oberteil auf einer Seite leer war. Clara musste Brustkrebs gehabt haben. Diese lebensfrohe, unerschütterliche Person, die vor Energie geradezu glühte, hatte also schon einmal mit einer tödlichen Krankheit gerungen. Das ließ sie plötzlich zerbrechlich und zugleich realer erscheinen.

Clara rückte ihre Liege zur mir unter den Sonnenschirm und begann, in einer Zeitschrift zu blättern, deren Name mir bekannt vorkam. *Outdoor Extreme*. Das Cover zierte eine Frau, die rätselhafterweise Bergsteigerstiefel zum Sportbiniki trug, und Klimmzüge an einer Stange machte, die so ins Bild kopiert war, als würde sie zwischen zwei Heißluftballons hängen. Andererseits: vielleicht hing sie da wirklich, wenn man den Titel des Magazins bedachte.

“Not exactly surfing on a volcano”, bemerkte ich, zu Linda gewandt, “but it still looks pretty impossible to me, too.”

Linda sah auf und grinste. “I suppose, you’ve had to do lots of even crazier things for this mag.”

Ich? Wieso ich? Clara warf mir einen Blick zu, der mir etwas zu sagen schien. Nur was? Als sie merkte, dass bei mir der Groschen nicht fallen wollte, blätterte sie ein paar Seiten zurück und hielt mir einen Artikel unter die Nase: “Downhill Inline Skating – Do’s and Don’ts”. Wegen der vielen Gelenkschoner erkannte ich die Person auf den Fotos erst auf den zweiten Blick. Es war Cassandra Furlan.

Clara sah mich mit hochgezogenen Augenbrauen an und wartete.

Ich starrte betreten zurück. “So now you know I’m not Cassandra Furlan”, sagte ich so leise, dass Linda es nicht hören konnte.

Sie nickte. “I knew it the moment I read the article about your rescue. That’s when I suddenly remembered why I had expected you to be a brunette.”
Luke rief nach Linda. Sobald sie außer Hörweite war, fragte Clara: “If you’re not Cassandra Furlan, who are you and why are you pretending to be her?”
Da sie von meiner falschen Identität ja nun schon wusste, konnte ich ihr alles beichten, auch ohne von Jet das Okay dazu zu haben.
“I hope you still like me”, schloss ich meinen Bericht. “You must be very disappointed that I’m not the super sporty Cassie.”
Clara tätschelte mein Knie. “Of course I still like you. I was a bit scared of meeting the ‘super sporty Cassie’, to tell the truth. She’d probably have told me I was **making a fool of** myself, going rafting and riding rodeos at my age.” Sie tippte auf den Artikel. “She looks quite arrogant, if you ask me. You know, it surprises me that it was Jet’s idea in the first place to swap girlfriends. I never would have thought he had it in him. He’s usually a very organized guy, not spontaneous at all. He must have had a very good reason. And the only reason I can think of is that he realized what a bitch Cassie is and what a nice woman you are.”
Das war dann wohl das großmütterliche Wunschdenken.
Der zottelige Hund Robert kam und legte seine Schnauze auf ihren Bauch. “I knew you were a lovely dog the moment I saw you”, sagte Clara und kraulte ihn hinter den Ohren.

---

to make a fool of oneself [ˌmeɪk ə ˈfuːl əv wʌnˌself] sich lächerlich machen

"Do you think I should tell the others?", fragte ich.
"Better leave it up to Jet. It's his family, after all. And if he prefers not to tell them, well, **my lips are sealed**."
Kurz darauf kam Jet aus dem Wasser. Es war ein echtes Schauspiel, wie er den Neoprenanzug auszog, bis er nur noch in Badehose dastand. Wasser tropfte aus seinen Haaren auf seine Schultern. Das Spiel seiner Muskeln, die Bewegungen seiner Hände – so elegant, so feinfühlend, dabei so kraftvoll – das alles und dazu noch die kleinen Fältchen um die Augen, als er in die Sonne blinzelte, brachten mich fast um den Verstand. Aber wozu beherrschte ich mich eigentlich? Ich war doch offiziell seine Geliebte! Ich ließ den Rand der Liege los, den ich krampfhaft umklammert hatte, warf mich Jet an die Brust und küsste ihn auf den Mund. "You look great when you're riding the waves, honey. As soon as my **dizzy spell** is over, we can come back here and surf together."
"Do you really know how to surf?", fragte er, die Lippen ganz nah an meinem Ohr. Sein Atem kitzelte mich, was lustvolle Schauer durch meinen Körper jagte.
"No, but I'm sure you can teach me", flüsterte ich zurück.
"Maybe we should start with something simpler. I could teach you how to climb up a rope ladder." Er gab mir einen Klaps auf den Po und ließ mich stehen.
He, was sollte das denn? Und war das jetzt ein gutes oder ein schlechtes Zeichen? War es gespielt oder echt? Himmel, das wurde ja immer komplizierter. Ich ging mich abkühlen, machte aber schnell kehrt vor den heranrasenden Wellen.

My lips are sealed. [maɪ ˌlɪps ə ˈsiːld] Ich werde schweigen wie ein Grab. **dizzy spell** [ˌdɪzɪ ˈspel] Schwindelanfall

Übung 28: Ergänzen Sie die Sätze mit den richtigen Worten.
(womanizer, non-fiction, truth, sealed, Extreme, cozzie)

1. Angie got her ________________ and went to the beach.
2. Linda gave Angie one of her ________________ bestsellers to read.
3. Linda told Angie that her son was a ________________.
4. Clara began reading a magazine called Outdoor ________________.
5. Angie discovered that Clara knew the ________________ about her.
6. Clara said that her lips were ________________.

Nach einem Strandpicknick fuhren wir bei Sonnenuntergang zufrieden und erschöpft heim. Ich sah sehnsüchtig hinterher, wie Jet auf dem Motorrad davonbrauste, und stellte mir vor, wie es wäre, mich an ihn zu klammern, während er die heiße Maschine ritt. Dann setzte ich mich zwischen Halley und Luke auf den Rücksitz des Wagens, den Rondo fuhr. Luke schlief während der ganzen Rückfahrt, den Kopf an meinen Arm gelehnt. Ich betrachtete ihn zärtlich. Ob ich auch einmal einen Sohn wie ihn haben würde? Wenn es um Kinder ging, würde ich nicht so chaotisch und planlos vorgehen wie bei meinen bisherigen Entscheidungen, das nahm ich mir ganz fest vor. Ich wollte ein gute, zuverlässige Mutter sein. Dann müsste ich Jet nur noch beibringen, nicht daran zu verzweifeln, wenn die Kinder sich stritten. Nun ja, falls er einmal der Vater meiner Kinder werden würde.

Ich döste ein wenig und war überrascht, wie schnell Luke wach wurde, als wir hielten. Er sprang aus dem Wagen und hopste mit den Hunden herum. Jet, der vor uns angekommen und bereits umgezogen war, wuschelte Luke durchs Haar. "Shall we build a **blowgun**?"

Ich half noch, die Badesachen und Picknickkörbe ins Haus zu bringen, duschte und fiel müde ins Bett. Krampfhaft versuchte ich wach zu bleiben. Jet hatte gesagt, dass er mit Clara noch einen Ausflug planen wollte, dann würde er nachkommen. Und dann? Sollte ich ihn nackt erwarten und mir die Abfuhr meines Lebens einhandeln? Sollte ich warten, bis er schlief und ihn dann mit leidenschaftlichen Küssen wecken?

Dieser hinreißende, harmoniesüchtige, herzensbrechende Mistkerl, der sich anscheinend keinen Deut um mich scherte – wie sollte ich ihn nur erobern?

Eleven

Als ich am nächsten Morgen aufwachte, war mir gleich klar, dass ich es nicht geschafft hatte, wach zu bleiben, bis Jet ins Bett kam. Hatte er überhaupt neben mir geschlafen? Seine Bettseite war gemacht, sogar ordentlicher als gestern. Also war er da gewesen, war vor mir aufgestanden, hatte geduscht und sich für den Ausflug mit Clara vorbereitet. Himmel, der Ausflug! Ich wollte mit, egal wohin.

Hellwach sprang ich aus dem Bett, wusch mich am Waschbecken und hastete noch mitten im Blusezuknöpfen die Treppe hinunter.

---

blowgun ['bləʊgʌn] Blasrohr

Die ganze Familie war zum Sonntagsfrühstück versammelt. Luke und Jet knüllten aus Papierfetzen kleine Kügelchen für das Blasrohr, das sie gestern gebastelt hatten. Maureen tat gelangweilt, Halley schnitzte an der Butter herum und Clara mampfte für drei. Ihre Art zu essen erinnerte mich daran, wie Willow ihre Stofftiere ausstopfte.
"Are you practicing for an eating contest?", fragte ich, während ich mich mit etwas Obstsalat, gebuttertem Toast und einer Tasse Tee begnügte.
"No, but I'm doing some more research for my book today and I'll need a solid meal before **embarking on** the next adventure."
"Adventure" war für Rondo so ein Unwort, wie es "climbing" für mich war. "What kind of book is it?", fragte er mit besorgtem Unterton. "A how-to-**live-on-the-edge** guide for elderly people?"
Clara schob dem Rührei, das sie verspachtelt hatte, noch ein Würstchen hinterher. "Far more exciting than that."
"I hope it's not a thriller. I don't want to read in the papers that you were **strangled** by a psychopath while you were trying to **pump him for information**."
Linda grinste. "Be careful what you say. You**'ll put ideas in** her **head**."
"No worries. I have enough ideas to last me two lifetimes", sagte Clara. "Anyone else for **rappelling** and camping?"

---

to embark on sth. [ɪm'bɑːk ɒn] etw. in Angriff nehmen **to live on the edge** [ˌlɪv ɒn ðɪ 'edʒ] am Rande des Abgrunds leben **to be strangled** ['stræŋgld] erdrosselt werden **to pump sb. for information** [ˌpʌmp / fər ɪnfə'meɪʃn] jdn. ausfragen **to put ideas in one's head** [ˌpʊt aɪ'dɪəz ɪn wʌnz 'hed] jdn. auf dumme Gedanken bringen **to rappel** [ræ'pel] *(AE)* sich abseilen

Campen fand ich toll, was "rappelling" war, wusste ich nicht, aber Rondos geweiteten Augen zufolge war es alles andere als harmlos.
"I'**m game**", sagte ich und schmierte mir ein Wurstbrot, um ebenfalls eine solide Nahrungsgrundlage zu haben.
"Great", freute sich Clara. "You'll need **stout** boots. And we have to pack enough food and energy snacks, drinking water and a video camera."
Ich schaute auf meine Sandalen. "I'm afraid I didn't bring any boots."
"What size are your feet?", fragte Linda.
Halley, die meine Füße am ersten Tag ja hinreichend studiert hatte, meinte: "She can wear my boots. They'll fit perfectly."

Übung 29: Ergänzen Sie die folgenden Redewendungen.
(gloves, lips, narrow, fool, red, game)

1. My __________ are sealed. *(I won't tell anyone.)*
2. I'll try it. I'm __________. *(I'm willing to try.)*
3. She's going to make a __________ of herself. *(She is going to look stupid.)*
4. They are going to paint the town __________. *(They are going to have a great time.)*
5. They had a __________ escape. *(They nearly didn't escape.)*
6. We'll have to treat her with kid __________. *(We will have to treat her carefully.)*

---

to be game [biː ˈgeɪm] bereit sein **stout** [staʊt] fest

Linda rüstete mich mit wetterfester Kleidung aus, Jet packte einen weiteren Schlafsack und ein zweites Zelt in Claras Geländewagen.

Als Jet und ich einen Moment lang auf der Veranda allein waren, berührte er mich am Arm und sah mir mit ernstem Blick tief in die Augen. "Angie, I know you had to say you wanted to come along because your role as my girlfriend requires it. But I can promise you that rappelling isn't your kind of activity. The bridge climb was a walk on the beach compared to this. Why don't we just drop you off in Sydney and you can spend two days going shopping and doing nice, touristy things. I'll find a hotel for you, no problem. And then we'll pick you up again on our way home. I'll explain everything to Clara."

Es tat mir weh, dass er mich so dringend aus dem Weg haben wollte, aber ich schaltete auf stur.

"First of all", sagte ich, "I didn't want to come along just because of my role as Cassie. I happen to love ... to love camping." Ich holte tief Luft. "And secondly, one of the reasons why I want to spend time with you and Clara is that I don't need to play my role when she's around, because she found out all by herself that I'm not Cassandra Furlan. She subscribes to Outdoor Extreme."

Jet schlug sich gegen die Stirn. "Of course, I should have thought of that. All right then, you can come along, but you must promise to do whatever I tell you."

"Why?"

Kam es mir nur so vor, oder lag da plötzlich etwas Zärtliches in seinem Blick?

"Because I feel responsible for your safety."

"Okay, I promise. I'll be a good girl."

Clara kam aus dem Haus. "We had better get going. The

tour I booked starts at three in the afternoon and we have a long drive ahead."

Jet setzte sich ans Steuer. Clara und ich saßen beide hinten, damit sie mir erklären konnte, was es mit diesem Ausflug auf sich hatte.

"The Australian Rappel is a variant of **abseiling**, but not feet first as it's done in **mountaineering**. You're attached to a rope and you descend head first, sort of walking down the rock face."

"You mean, you're facing the ground far below you while walking down a cliff?"

"Right. Cool, huh?"

Jet hatte recht, das war wirklich nichts für mich. "Who came up with such a crazy sport?"

"The Australian army. Their soldiers **shimmied** down with a gun in hand, shooting their enemies below."

"I'll just be watching the two of you. I hope you'll be safe."

"Absolutely. You can control the speed of **descent** by pulling at the rope **anchored** to the harness."

"It still sounds pretty daring."

"Of course you have to learn the technique", sagte Clara. "Jet and I have done it before, not from a cliff but from a tall building. Jet surprised me with it when I came to see him in London last year."

Jet drehte sich kurz zu uns um und lächelte. "I know how to make an old lady happy, don't I?"

Ich hatte noch nie einen Menschen gekannt, der seine Großmutter derart innig liebte. Dabei fiel mir ein, wie er

---

to abseil ['æbseɪl] sich abseilen **mountaineering** [ˌmaʊntɪ'nɪərɪŋ] Bergsteigen **to shimmy** ['ʃɪmɪ] sich schieben **descent** [dɪ'sent] Abstieg **anchored** ['æŋkəd] verankert

mit einem ähnlichen Gesichtsausdruck auf dem Flug gesagt hatte: "You remind me of my grandma." Jetzt erkannte ich, dass er mir das wahrscheinlich größte Kompliment gemacht hatte, das er einer Frau überhaupt machen konnte.
"Considering all the adventures you've had", meinte ich zu Clara, "you ought to write your memoirs."
Clara drehte den Cowboyhut, der auf ihrem Schoß lag, hin und her.
"You are writing your memoirs!"
Dass noch keiner in der Familie darauf gekommen war!
"That's the book you're doing research for, right? You're doing it all because you want to have as many exciting things as possible to write about."
Sie nickte. "Yes, but please don't **tell on** me. Rondo wouldn't approve of it. Not that he has ever approved of anything I've done."
"Deep down he's very proud of you", behauptete Jet. "He just can't show it."
War das nicht wieder eine typische Jet-Bemerkung? Und wenn er so verdammt einfühlsam war, warum erkannte er dann nicht, was in mir "deep down" vorging?
"So, what else has made you happy in your life?", fragte ich Clara.
Bereitwillig erzählte sie mir von ihrem langen, abwechslungsreichen Leben. Es kam wirklich alles darin vor, was bei normalen Menschen Panikattacken auslöst, von Apnoetauchen bis zum Schlangenbiss. Nur Männer fehlten in Claras Vita völlig.
"I hope this isn't too personal, but I simply have to ask: where are the men in your life?"
Clara warf lachend den Kopf zurück. "Oh, right, men, some-

---

to tell on sb. ['tel ɒn] jdn. verraten

times I completely forget they exist. When I was young, men were the dominant partners and women were expected to just be housewives and have no personal ambitions. So I refused to get married and just had a couple of affairs. One of my lovers was a **high-ranking** scientist who later won the Nobel Prize."

"That must be Rondo's dad and Jet's granddad", riet ich.

"You're **spot-on**. Great **genetic material**, huh?"

"So you brought up Rondo all on your own?"

"Yes. Being a single mother certainly wasn't easy at that time, but I've always loved a good challenge. At least, Rondo's dad made sure I had enough money. He didn't want the affair to become public, but he always cared for his son. He died five years ago, shortly after I ..."

Sie brach ab und sah aus dem Fenster. Ich vermutete, dass sie feuchte Augen bekam. "Shortly after I won my fight against cancer."

Ein kurzes Schniefen, dann war sie wieder ihr fröhliches Selbst. "Believe me, I'd rather get attacked by crocodiles again than undergo another **chemo**."

Twelve

Die Gegend, die wir nach etwa dreistündiger Fahrt erreichten, war von karger Schönheit, felsig, verwinkelt und rau. Der Campingplatz lag für mein Gefühl etwas zu nah an einem Abhang, aber da ich nicht zum Schlafwandeln neige, würde ich die Nacht wohl absturzfrei überstehen.

---

high-ranking [ˈhaɪˌræŋkɪŋ] hochrangig **spot-on** [ˌspɒtˈɒn] genau richtig **genetic material** [dʒəˌnetɪk məˈtɪərɪəl] Erbgut **chemo** [ˈkiːməʊ] Chemotherapie

Jet parkte, stieg aus und streckte sich. "Ah, that's what I've been missing in London. I'm not **cut out for** city life."
Ich kletterte aus dem Wagen. Clara setzte mir ihren Cowboyhut auf und umarmte mich. "Just look at the beauty of it all. Nature is the best artist, isn't she?"
Ich spürte die geballte Lebendigkeit, die von Clara und Jet ausging, und ein bis dahin ungekanntes Glücksgefühl durchströmte mich. Ich legte zutraulich meine Hand in Jets gepflegte Pranke, atmete die würzige Luft ein, ließ meinen Blick über das zerklüftete Panorama schweifen und war dankbar, dass der Zufall oder eine andere rätselhafte Macht im Universum mich hierher gebracht hatte. Es bestand keine Gefahr, dass ich wieder ohnmächtig wurde, denn meine Liebe zu Jet hatte sich stabilisiert, und damit auch mein Blutdruck, und ich war voller Tatendrang.
"Let's put up the tents."

Übung 30: Was ist das Gegenteil? Tragen Sie den richtigen Buchstaben ein.

1. put up	☐	**a.** safety
2. criticize	☐	**b.** ascend
3. remember	☐	**c.** love
4. loathe	☐	**d.** take down
5. descend	☐	**e.** compliment
6. danger	☐	**f.** forget

Erst nahmen wir uns das Einmannzelt vor, anschließend das etwas größere, das Jet hoffentlich für sich und mich mitgenommen hatte. Natürlich konnte es auch sein, dass er das Zelt lieber mit Clara teilte.

---

to be cut out for sth. [biː ˌkʌt ˈaʊt fə] für etw. gemacht sein

Ich sah auf dem Platz nebenan eine junge Frau mit einem großen Zelt mit Vordach kämpfen. Einen Windstoß später kniete sie vor dem Haufen PVC-Folie, der eben noch halbwegs gestanden hatte.
“Need a hand?”, fragte Jet.
Sie sah auf und schob die langen, schwarzen Haare aus ihrem schmalen Gesicht, das asiatische Züge hatte. “That would be nice. My husband went looking for firewood and I thought I could surprise him by getting the tent up by the time he gets back.”
Zu viert hatten wir das Zelt in wenigen Minuten standfest errichtet und dabei erfahren, dass die Frau eine waschechte Sydneysiderin mit chinesischen Vorfahren war und Jane hieß. Ihr Mann Brent war begeisterter Abseiling-Fan, sie selbst konnte sich nicht dafür erwärmen, was sie mir sofort sympathisch machte.
“I go along with Brent every weekend”, sagte sie. “But I have to fight the urge to stop him from walking down the cliff each and every time. It’s just so unnatural. I’m terribly scared of heights.”
Jet warf mir einen bedeutungsvollen Blick zu, doch ich tat ganz unbefangen. Nein, ich wollte nicht über Ängste reden!
Brent stieß zu uns, ein bärtiger Bär, die Arme voll trockener Zweige. Das Feuer sollte erst am Abend entfacht werden. Jetzt begnügten wir uns mit einem kleinen Snack, denn die Exkursion würde bald losgehen.
Jet, Clara und Brent zogen sich für das Rapelling um und schlossen sich der Gruppe an, die sich am Rand des Campingplatzes versammelt hatte. Jane und ich hielten etwas Abstand, damit niemand auf die Idee kam, uns in das fragwürdige Vergnügen mit einzubeziehen.
Zwei raubauzige Kerle, die mich mit ihrer sportlich-fröhlichen

Art an den "personal climb leader" von der Harbour Bridge erinnerten, gingen zwei Checklisten durch, erst die Namen der angemeldeten Teilnehmer, dann die Ausrüstung.

"Has everybody got their helmets, gloves, knee and elbow pads? Good. Off we go."

Nach einer kurzen Wanderung über unwegsames Gelände erreichten wir eine steil abfallende Felswand.

Jane klammerte sich an meinen Arm. "Let's not go too near."

"I have no intention of going anywhere near the cliff", beruhigte ich sie. "I'm scared of heights, too. Well, a bit, that is", wiegelte ich gleich wieder ab. "Not really scared, just a little uncomfortable, in fact."

Der erste Teilnehmer wurde in ein Geschirr eingeklinkt und musste einen weiteren Check über sich ergehen lassen. "Is the rope anchored? Are the **buckles** secure? **Is the belay in place**? Are all **karabiners** closed?"

Wie man sich wohl fühlte, wenn man drauf und dran war, eine Wand hinunterzuspazieren? Das musste ja schlimmer sein, als einen Fußsprung vom Dreimeterbrett zu wagen, eine Erfahrung, die ich einmal nach einer verlorenen Wette gemacht hatte. Was war ich damals jung und leichtsinnig gewesen!

Als Zweite war Clara dran. Jet half ihr ins Geschirr, überprüfte sorgfältig, ob alles richtig gesichert war, dann brachte er die Videokamera in Anschlag. "Off you go, old girl."

"Yippee", rief Clara und beugte sich über den Abgrund.

Janes Hand krampfte sich noch etwas fester um meinen Arm. "They're all crazy. There's nothing like having solid ground under your feet."

---

buckle ['bʌkl] Schnalle **Is the belay in place?** [ɪs ðə bɪ'leɪ ɪn 'pleɪs] Ist alles ordentlich gesichert? **karabiner** [ˌkærə'biːnə] Karabinerhaken

Ich tätschelte ihre Hand. "My words exactly." Ich wollte noch mehr sagen, aber mir stockte der Atem, als Jet sich bäuchlings über den Rand des Steilhangs legte, um Claras Abstieg zu filmen. Ich war gottfroh, als sie unten angekommen war und Jet wieder zurückrobbte, weg vom gähnenden Abgrund. Er rappelte sich auf und drückte mir die Kamera in die Hand. "Could you please hold it for me while I'm rappelling?"
Ich weiß nicht, welcher Teufel mich ritt, es muss ein reichlich verwegenes Kerlchen gewesen sein, denn plötzlich beschloss ich, dass Jet auch unbedingt gefilmt werden sollte. Er setzte gerade den Sturzhelm auf, da richtete ich den Sucher auf ihn und schaltete die Aufnahmefunktion ein. Als Jet über den Rand der Klippe verschwand, wagte ich ein paar Schritte vorwärts. Janes Hand fiel von mir ab und ebenso meine Ängste – von denen ich mich ja sowieso nie beherrschen ließ, wenn ich es irgendwie verhindern konnte.
Ich ging auf die Knie, legte mich der Länge nach auf den Bauch und robbte auf den Abgrund zu, beugte mich darüber, filmte Jets irrwitzigen Spaziergang die Klippe hinunter, während Jane selbstlos und wahrscheinlich voller Todesverachtung das tat, was ich vorhin am liebsten bei Jet gemacht hätte, um zu verhindern, dass er das Übergewicht bekam: Sie setzte sich auf meine Füße.
Jet hatte den sicheren Boden erreicht. Ich zog mich vom Abgrund zurück, hatte das Gefühl, eine Tonne zu wiegen, aber – he! – ich hatte es geschafft. Und Jet hatte es nicht mal bemerkt.
Ich legte einen Arm um Jane und wir begaben uns in Sicherheit. "Thank you, Jane. That was very **brave** of you."

---

brave [breɪv] mutig

Sie lächelte bescheiden. Wir sahen noch eine Weile zu, dann fragte ich einen der Guides: "How long will it take until we're finished?"
"When everybody has reached the base of the cliff, including my colleague, I'll untie the rope from the anchor and walk to another cliff which is easier to climb. That's where they**'ll scramble up** again. All in all, it will take until nightfall."
Jane und ich sahen uns an. "In that case, why not go back to the camping site", meinte sie. "We could start the fire and prepare dinner."
"Will you find the way back on your own?", erkundigte sich der Guide, und als wir zugaben, keine Ahnung zu haben, in welcher Richtung der Campingplatz lag, überließ er uns seinen Kompass. "Keep to the south-east. Then watch out for a red-and-green flag."
Wir spazierten gemütlich los, denn wir waren beide keine Frauen, die sich beweisen mussten, dass sie zu sportlichen Höchstleistungen fähig waren. Zuerst redeten wir über die Schönheiten der Landschaft, bewunderten die Pflanzen, die hier in dem rauen Klima gediehen, genossen das Spiel der Wolken. Dann sprachen wir über persönliche Dinge. Jane arbeitete in Sydney in einem Tai-Chi-und-Qigong-Zentrum.
"I took a Qigong class when I was living in Munich", sagte ich. "We used to meet in the English Garden."
"Practising outdoors is the best. Our centre has a huge garden with a view of Harbour Bridge."
Daraufhin musste ich ihr natürlich von meinem Abenteuer samt Rettungsaktion erzählen. "Most people think I'm crazy

---

to scramble up [ˌskræmbl ˈʌp] hinaufklettern

when I tell them what side-effects falling in love has for me. But it's true. I really faint when it happens."

Übung 31: Setzen Sie die folgenden Adjektive an den richtigen Stellen ein.
(vegetarian, small, strict, raw, several, hungry, bizarre, ***posh****, romantic)*

"I believe you", sagte Jane. "A friend of mine has an even more **1.** __________ reaction to falling in love. For **2.** __________ days she can eat only **3.** __________ carrots. The last time it happened, she had a date in a **4.** __________ restaurant. She had fallen in love with the man she had dated only the night before and was still on her '**5.** __________ diet', as she calls it. So she ordered a **6.** __________ carrot salad and refused to eat anything else. Her date thought she was a **vegan** on a **7.** __________ regime. The next time he asked her out he took her to a **8.** __________ restaurant. But at that time she was already over the worst and quite **9.** __________, so they had to stop at a Burger King on their way home."

Ich lachte, und dabei blitzte etwas in meinem Geist auf: eine Idee, die schnell Gestalt annahm und mich restlos

---

posh [pɒʃ] vornehm **vegan** ['vi:gən] Veganerin

begeisterte. Zurück in London, würde ich sofort ausgiebige Recherchen betreiben. Es ging zwar weder um Nanotechnologie noch um irgendwelche Eigenschaften des Universums, aber ich war sicher, dass ich damit meinen beruflichen Durchbruch erreichen würde.

Thirteen

"Breathe in, lift your hands, wrists up. Breathe out. Turn to the left, move your hands as if you are passing a ball. Keep your deep **abdominal muscles** activated all the time. Very good. Once more. Starting position. And breathe in."

Janes weiche Stimme leitete mich durch die Tai-Chi-Übung. Da ich schon Qigong-Erfahrung hatte, fiel es mir leicht, mich in den sanften Rhythmus einzufinden, den Energiefluss zu spüren und eins zu werden mit meinen Bewegungen, mit der zerklüfteten Landschaft, mit dem Wind und der einsetzenden Dämmerung.

Wir hatten den Weg zurück gut gefunden, das Feuer vorbereitet, nachgesehen, ob das Grillfleisch in den Kühltaschen noch schön kalt war, und schließlich die sanitären Einrichtungen ausprobiert und dabei in höchsten Tönen gekreischt, da aus den Duschen nur kaltes Wasser kam. Jetzt entspannten wir uns mit Tai Chi. Es war herrlich. Ich fühlte mich wie auf einem anderen Planeten, weil ich so weit weg war von allem, was mein normales Leben ausmachte. Mir war derart wonniglich zumute, dass ich die Übung kurz unterbrechen musste, um eine distelähnliche Pflanze zu küssen. Dann zeigte Jane mir den nächsten Bewegungsablauf.

---

abdominal muscle [æbˌdɒmɪnəl ˈmʌsl] Bauchmuskel

Wir blieben völlig vertieft in unsere meditative Gymnastik, auch als die Seilschaft langsam wieder eintrudelte und es auf dem Campingplatz laut wurde.
Claras Stimme drang in mein Bewusstsein. "These exercises remind me of the great time I had in a monastery in Tibet where I took Kung Fu lessons."
Ich grinste, während ich die Übung beendete und mich zu ihr umdrehte. "I bet you also learnt sword fighting and some other useful life skills."
Sie zwinkerte mir zu. "How did you guess? Well, I need a shower now."
"They've only got cold water here", warnte ich sie vor.
"**That's no hassle**. Warm showers are for **sissies**."
"And for people who don't want to get muscle cramps", meinte Jet. "But if there's no alternative, it's still better than being sweaty."
Er zog die Jacke aus, kramte ein Handtuch und Duschlotion aus seinem Rucksack und folgte Clara zu den Duschen. Ich sah ihm nach und fand, dass ihm sein verschwitztes T-Shirt ausgezeichnet stand.
Eine Stunde später waren wir um ein knisterndes Grillfeuer versammelt. Clara trug stilgerecht ihren Cowboyhut und löffelte Kidneybohnen aus der Dose. Jet passte auf, dass die Steaks nicht verkohlten. Jane und Brent kuschelten wie frisch verliebt, ebenso wie einige andere Pärchen. Jemand spielte Mundharmonika. Es gab Kaffee aus Blechkannen, selbst gedrehte Zigaretten und im Feuer gebackene Kartoffeln.
Ich aß nur wenig, schließlich hatte ich im Gegensatz zu den Abseil-Freaks kaum Kalorien verbraucht. Anschließend holte

---

That's no hassle. [ˈðæts nəʊ ˈhæsl] Das macht nichts. **sissy** [ˈsɪsɪ] Weichei

ich meinen Schlafsack aus dem Zelt und legte mich darauf, den Blick in den Himmel gerichtet, wo die Funken des Feuers zwischen den Sternen zu tanzen schienen. Das Tai-Chi hatte mich in ein inneres Gleichgewicht gebracht. Zufrieden lauschte ich dem Knistern des Feuers, dem Gelächter und den Nachtgeräuschen, die aus der Natur zu mir drangen, und ließ alle Ambitionen fahren. Ich würde nicht versuchen, Jet zu verführen. Ich würde einfach genießen, dass ich mit ihm zusammen sein konnte, würde die Zeit seiner Nähe auskosten, ohne Pläne und Hoffnungen. Das hatte nichts mit meiner üblichen chaotischen Mentalität zu tun, denn ich vertraute mich ganz den kosmischen Strömungen an.

"I spread my soul and let the winds of time take me wherever they want."

Clara, die mich als Einzige gehört hatte, lächelte mir versonnen zu.

Irgendwann war das letzte Steak gegessen, das letzte Lied gesungen und der letzte Funke erloschen. Zeit, noch mal die Toiletten aufzusuchen und sich ins Zelt zu kuscheln, da es empfindlich kühl geworden war. Doch ich mochte mich nicht vom Fleck rühren.

Jet streckte sich neben mir aus, deckte mich mit seiner Jacke zu und streichelte ein paar Haare aus meiner Stirn.

"I like watching your eyes while they're watching the stars."

Das war das Romantischste, was je ein Mann zu mir gesagt hatte. Ich blieb ganz still, aus Angst, etwas Falsches zu sagen oder zu tun.

"And I also loved watching you doing those Tai-Chi movements", fuhr er fort. "You're very **graceful** when you're not trying to climb a rope ladder."

---

graceful ['greɪsfl] anmutig

Ich sah ihm in die Augen, sah das liebenswerte, freche Grinsen.
“And I loved watching you go over that cliff, helmet and all. Did you really do that down a skyscraper?”
Er küsste mich auf die Nase. “Not exactly a skyscraper, just a high building. Thirty **levels** or so.”
“You just kissed me”, stellte ich mit etwas Verzögerung verblüfft fest.
“Did I? You mean like this?”
Diesmal landeten seine Lippen auf meiner Nasenwurzel.
“Almost.”
“Or more like that?” Jetzt waren meine Augen dran.
“I think the first kiss went to the tip of my nose. But go on, the other parts of my face like being kissed, too.”
Er küsste mich auf die Augenbrauen, die Nasenflügel, das Kinn, die Backen, die Schläfen. Überallhin, nur nicht auf den Mund. Es erregte mich mehr als der wildeste Zungenkuss, den ich je gehabt hatte. Ich hob das Kinn und er verstand die Aufforderung, küsste meine Kehle, die Halsschlagader, ein Ohrläppchen.
Hatte jemand das Feuer wieder entfacht oder warum war mir so heiß? Ich glühte vor Lust, während Jets Lippen sich meinen näherten, im letzten Moment aber immer ein anderes Ziel fanden.
“Jet, please”, keuchte ich.

Übung 32: Angie hat viele Wünsche. Welche treffen zu, welche nicht? Kreuzen Sie an.

1. ☐ She wants Jet to fondle her.

2. ☐ She wants Jet to caress her.

---

level ['levl] Stockwerk

3. ☐ She wants Jet to stroke her.
4. ☐ She wants Jet to strike her.
5. ☐ She wants Jet to kiss her.
6. ☐ She wants Jet to hassle her.

Er griff in die Brusttasche seines Hemds und brachte zwei Kondome zum Vorschein.
"Do you think we will need these?"
Erst als ich genickt hatte, küsste er mich endlich auf den Mund.

Fourteen

Der Morgen danach kann eine sehr kuschelige, aber auch eine ziemlich kniffelige Angelegenheit sein.
Kuschelig war es durchaus, schon allein aufgrund der beengten Verhältnisse im Zelt. Wir hatten die Schlafsäcke mit den offenen Seiten aneinandergelegt, so dass sie einen Doppelschlafsack bildeten. Als ich aufwachte, waren unsere Beine ineinander verschlungen und sein Oberarm bildete mein Kopfkissen.
Kniffelig war es allerdings auch, sowohl logistisch wie emotional.
Ich konnte nicht einfach aufstehen, ins Bad gehen und mir die Zähne putzen. Wenn ich mich frisch machen wollte, musste ich über den Campingplatz zu den Kaltwasserhähnen laufen, getrieben von dem kühlen Morgenwind, den ich durch eine Ritze in der Zeltplane spürte. Wenn ich es genau bedachte, hatte ich sowieso vergessen, eine Zahnbürste mitzunehmen. Also blieb ich lieber im Zelt, an Jets warme, duftende Brust gekuschelt, und dachte über die emotionalen Unwägbarkeiten der Situation nach.

Nach dieser herrlichen Nacht liebte ich Jet so sehr, dass ich am liebsten in ihn hineingekrochen wäre. Er war ein fantastischer Liebhaber, zärtlich, einfühlsam und vor allem geduldig. Ein Zeitlupen-Lover mit Fantasie, enormer Selbstkontrolle und einem erstaunlichen Mangel an Hemmungen. Ich hatte ihn ganz anders eingeschätzt und war angenehm überrascht worden.

Was er für mich empfand, wusste ich jedoch immer noch nicht. Ich hatte mich nicht getraut, danach zu fragen. Genau genommen hatte ich außer "Yes", "Oh, that's fantastic" und "Don't stop" nicht viel sagen können. So waren auch meine Gefühle unausgesprochen geblieben und hatten sich einzig in Berührungen ausgedrückt.

Linda hatte mir neulich am Strand erzählt, dass Jet immer schon ein Weiberheld gewesen sei. Das machte mir jetzt zu schaffen. Womöglich war er nur auf einen One-Night-Stand aus gewesen, und ich war nun mal praktischerweise da, sah passabel aus und war zudem auch noch willig. Da musste ein Mann doch zugreifen ...

Im Schimmer des Morgenlichts, das durch die blaue Zeltwand fiel, betrachtete ich Jets Körper, studierte die Fältchen in seiner Halsbeuge, sehnte mich danach, dass er aufwachte und mich anlächelte.

In was für ein verrücktes Abenteuer war ich da geschlittert! Ich lag neben meiner großen Liebe in einem Schlafsack auf einem Hochplateau irgendwo in New South Wales, und im Zelt nebenan schnarchte – jawohl, und in was für einer Lautstärke! – die Frau, die vielleicht einmal die Uroma unserer Kinder sein würde. Das waren Romantik und Verwirrung pur.

Draußen war es inzwischen dunkler geworden statt heller. Der Wind erschien mir stärker und kälter. Ich wollte aufstehen und nachsehen, was sich draußen tat, da wurde das Zelt

von einer Böe auf meiner Seite so tief eingedrückt, dass es meine Backe berührte. In einem Anflug von Panik rüttelte ich an Jets Schulter.
“There's a storm coming.”
Mist, ich hatte ihn doch mit zärtlichen Worten wecken wollen, nicht mit der Wettervorhersage!
Jet erfasste die Situation mit einem schnellen Blick nach draußen. Er hatte den Reißverschluss kaum aufgezogen, da begann schon alles zu flattern. Ich drückte den Schlafsack an meinen nackten, bibbernden Körper.
“You're right, there's a big storm heading down from the north. I have to wake everybody up. Can you take down the tent before it starts raining?” Er schlüpfte in seine Jeans und war fort.
Wenige Minuten später war der Campingplatz ein einziges Gewusel von Leuten, die sich und ihre Ausrüstung in Sicherheit brachten. Als der erste Blitz über den Himmel zuckte, schrie Jane auf und floh in ihr Auto. Wir schafften es alle, aufzubrechen, bevor der Sturm richtig losfetzte. Eine Kolonne aus Geländewagen wand sich die Serpentinen hinunter. Die beiden Guides, die vorausfuhren, kannten ein nahe gelegenes Motel mit Restaurant, wo wir frühstücken und uns ordentlich anziehen konnten. Die Scheibenwischer kämpften gegen wahre Fluten an, während Jet den Wagen ruhig über die kurvige, schlecht befestigte Straße steuerte.
Ich war so müde, dass ich mich an Claras sehnige Schulter lehnte. Ich hörte sie murmeln: “Yes, you have a lot of sleep to catch up on”, und dachte: Ups, wenn ich sie schnarchen hören konnte, dann hatte sie natürlich auch Jet und mich hören können ...
Ich wachte von dem Ruck auf, als wir anhielten. Der Regen hatte nachgelassen, es blitzte nur noch in weiter Ferne.

Wir betraten als Pulk müder, durchnässter Camper das Restaurant, in dem es nach Kaffee und gebratenen Eiern duftete.

Übung 33: Welche Zeit ist richtig? Unterstreichen Sie die zutreffende Form.

1. Angie *(made/has made)* love to Jet last night.
2. It *(was/has been)* an amazing experience.
3. Clara *(was snoring/has snored)* a lot in the night.
4. Angie *(could/can)* hear Clara snoring.
5. They *(left/have left)* the camping ground in a hurry.
6. The people in the restaurant *(are going to make/have made)* breakfast.

Der Guide bestellte Frühstück für alle. Wir wechselten uns auf den engen Toiletten ab. Ich kämmte mich, wusch mir den Schlaf aus den Augen und zog trockene Sachen an. Jet schaffte es, allen Widrigkeiten zum Trotze auszusehen, als hätte er einen Termin für ein Fotoshooting.
“I’m terribly scared of thunderstorms”, erzählte mir Jane, als wir uns heißhungrig über alles hermachten, was die Kellnerin anzuschleppen in der Lage war. “I’m afraid of getting struck by **lightning**. That drive was a nightmare.”
Brent zog sie an seine breite Bärenbrust. “But there’s no need to be afraid when I’m here to protect you.”
Ich sah Jet in seinen Kaffee grinsen und wusste, dass er dasselbe dachte wie ich.
“I don’t think you could protect Jane from lightning”, sagte ich. “But inside a car the laws of **static electricity** protect you

---

lightning ['laɪtnɪŋ] Blitz **static electricity** [ˌstætɪk ɪlek'trɪsətɪ] elektrostatische Aufladung

because an electric charge stays on the exterior of a **charged conductor** and has no influence on anything within it."
"And where do I get a conductor from?", fragte Jane.
"The car itself is the conductor. The effect is also called a **Faraday cage**."
"A cage for a day?"
Anscheinend hatte sie nie die Begeisterung für Physikunterricht gehabt, die für mich ganz selbstverständlich war. Ich wechselte also das Thema und ließ mir noch mehr von ihrer karottenverrückten Freundin erzählen.
Auf der Weiterfahrt setzte ich meine Recherchen für mein Projekt fort, indem ich Clara fragte: "Do you know anybody who suffers strange side effects when he or she falls in love?"
"Let me think. Well, I had a friend once who **dyed** her hair a different colour whenever she had a new boyfriend. I remember that 1986 was an especially busy year for her. She changed the colour of her hair five times, but none of them really suited her, if you ask me. Why are you asking?"
"I'm doing research for a book."
"Not your memoirs, I guess."
"No. And nothing about weird physics, either."
Jet drehte den Kopf leicht in meine Richtung. "I know someone, too. Aunt Annabelle, the one I told you about."
"The one and only family member who's neither nice nor funny?"
"Right. When she's in love she's the sweetest person ever for a while, until the novelty of it all wears off and she becomes her usual **insufferable** self again."

---

charged [tʃɑːdʒd] aufgeladen **conductor** [kənˈdʌktə] Leiter **Faraday cage** [ˈfærədeɪ ˌkeɪdʒ] Faradaykäfig **to dye sth.** [daɪ] etw. färben **insufferable** [ɪnˈsʌfərəbl] unerträglich

Etwa zweitausend Familienanekdoten später bekamen wir Hunger, hielten in einem Vorort von Sydney und fanden ein chinesisches Restaurant. Ich dachte an Jane und ihren Mut, ihre Ängste einfach zuzugeben, ohne sich zu schämen, ohne etwas zu beschönigen. Sie hatte mir ihre Visitenkarte gegeben, die ich jetzt aus der Tasche zog. "Before we fly back to London, I'd like to spend another day in Sydney near Harbour Bridge."

"I'm not going to let you climb it again", warnte Jet.

"No worries. I want to **brush up** my Tai-Chi."

Wir fuhren weiter. Eine Stunde später kam mir die Gegend vertraut vor: Die schlecht befestigte Straße führte direkt zum Haus der Cormans.

"Someone's following us", sagte Clara mit einem Blick nach hinten.

Jack sah in den Rückspiegel. "How did they **track** us **down**?"

Irritiert drehte ich mich um und ahnte mehr, als dass ich im aufgewirbelten Staub sah, dass uns ein grüner Geländewagen folgte. "What are you talking about?"

Jet erklärte: "When I was a kid, Clara and I used to pretend that we were agents on a dangerous mission. We'd pretend we were being followed."

"I'm not pretending or playing games", sagte Clara. "I'm sure that car doesn't belong to any of our neighbours."

Ich starrte angestrengt durch die Rückscheibe. "I think there's only one person inside. The driver. A woman. Dark hair. Sunglasses."

Eine Ahnung durchzuckte mich. Nein, das konnte nicht Cassie sein, oder?

---

to brush up sth. [ˌbrʌʃ ˈʌp] etw. auffrischen **to track sb. down** [ˌtræk / ˈdaʊn] jdn. aufspüren

“Has Cassie answered any of your messages?”, fragte ich Jet.
Er schüttelte den Kopf.
Das beruhigte mich wieder. Wenn sie sich nicht mal die Mühe machte, ihm eine SMS zu schicken, dann würde sie ja wohl kaum persönlich hier antanzen.
Wir kamen an die Weggabelung, an der wir am ersten Tag das Willkommensschild entdeckt hatten. Hoffentlich bog der Geländewagen nach links ab.
Ich sah mich wieder um. Er war immer noch hinter uns. Oder vielmehr: Sie war immer noch hinter uns. Da wir langsamer fuhren und weniger Staub aufwirbelten, konnte ich die Fahrerin jetzt erkennen. “It’s Cassie.”
“Really?” Jets Stimme klang erfreut. Das war verständlich, denn er hatte sich Sorgen um sie gemacht. Und womöglich hatte er auch Sehnsucht nach ihr gehabt.
Ich schloss die Augen und hörte zu, wie mein Herz hämmerte.
Clara pfiff durch die Zähne. “This is going to be a very interesting situation.”
“Embarrassing”, seufzte Jet. “It’s going to be highly embarrassing. God, how will I explain this to everyone?”
Da erst wurde mir klar, dass ich ebenfalls einiges zu erklären hatte. Die Familie Corman hatte mich herzlich bei sich aufgenommen, weil sie mich für Jets Freundin hielt. Und jetzt? Würden sie mich mit Schimpf und Schande fortjagen? Womöglich würde Henry mich auf seiner Harley in irgendein abgelegenes Kaff bringen oder in der Wildnis aussetzen. Ich sah sowieso aus, als gehörte ich ausgewildert: zerzaust, verschwitzt, staubpaniert.
Jet parkte auf dem großen Vorplatz. Der grüne Geländewagen hielt direkt hinter uns. Wie in einem perfekt synchronen Ballett stiegen wir alle gleichzeitig aus. Und dann standen

wir da. Blicke flogen hin und her. Unsichere Blicke: meine. Zwischen Freude und Unbehagen schwankende Blicke: Jet. Finstere Blicke: Cassie.
"Cassie", sagte Jet schließlich. "I'm so glad to see you. Did you get my messages? I was worried, you know."
Cassie machte einen Schritt auf ihn zu, aber als er sie umarmen wollte, blieb sie in einiger Entfernung stehen. "No, I didn't get any messages. My mobile phone was stolen. But apart from that there was no reason to be worried. I did a lot of travelling on my own before I met you. I can take care of myself."
Jet ließ die ausgestreckten Arme sinken. "Sorry, I didn't mean to patronize you. I'm glad everything's fine."
"No, nothing's fine." Mit geschmeidigen Raubtierschritten kam Cassie auf mich zu. Ich hätte mich am liebsten hinter Clara geduckt. "What the hell are you doing here? And why are you wearing my clothes?" Sie zog einen zusammengefalteten Zeitungsartikel aus der hinteren Tasche ihrer perfekt sitzenden Jeans. "Was it you who fainted on Harbour Bridge? And why is my name in the news? What kind of silly game are you playing?" Die letzte Frage war wieder an Jet gerichtet.

Übung 34: Wandeln Sie Aussagesätze zu Fragen um, wie im Beispiel vorgegeben.

1. Someone arrived unexpectedly. *(Who)*

   Who arrived unexpectedly?

2. Angie fainted. *(Where?)*

   ____

3. Angie was wearing somebody's clothes. *(Whose?)*

   ____

4. A thief stole something. *(What?)*

____

5. Jet was worried about somebody. *(Who?)*

____

6. Somebody gave Angie a dirty look. *(Who?)*

____

Clara streckte Cassie die Hand hin. "Hello, Miss Furlan. It's a pleasure to meet you. You can put the blame on me. Angie was unconscious and had no idea the press was around when she was being rescued. Jet had introduced her to me as Cassandra Furlan. I was the one who told the reporter how she had suddenly gone all white in the face and how her legs **had folded** and how she had hit the ground with a **faint sigh**." Clara grinste. "You're lucky they didn't print all the glorious details."

Während Clara sprach, ging eine faszinierende Veränderung mit Cassie vor. Sie erwiderte Claras Händedruck nur zögernd und mit leichtem Stirnrunzeln. Ich konnte förmlich sehen, wie sie dachte: "Oh God, this is the fabulous grandma Clara. I'm so fed up with hearing all the great stories about her." Dann wurde sie zusehends unsicherer. Es war fast, als schrumpfe sie vor unseren Augen.

Cassie musste tatsächlich ein Familientrauma haben, ganz wie ich es während des Flugs diagnostiziert hatte. In diesem Umfeld war sie nicht die tolle Sportskanone, sondern ein

---

to fold [fəʊld] zusammenklappen **faint** [feɪnt] schwach **sigh** [saɪ] Seufzer

kleines Mädchen, das unter massiven Minderwertigkeitskomplexen litt.

Doch Cassie hatte anscheinend gelernt, sich schnell wieder auf sicheres Terrain zu begeben – und das war in dieser Situation die Konfrontation mit mir. Ihr anklagender Zeigefinger schnellte auf mich zu. "I want an official apology. This article could ruin my career."

"I'll take care of everything", versprach Jet und legte einen Arm um Cassie. Diesmal wehrte sie sich nicht. "I'll call the **editorial department** and ask them to print a **retraction**, okay?"

"Nothing's okay. You **passed off** this ridiculous girl who's scared of flying **as** me."

"I'm not in the least scared of flying", begann ich mich zu verteidigen, aber Jet nahm Cassie am Arm und zog sie in Richtung Hollywoodschaukel.

Auch ich wurde am Arm genommen – Clara brachte mich ins Haus. "We must give them a moment alone", murmelte sie.

An der offenen Haustür stand Linda. "You're just in time for tea. Who's the young lady over there? Do we have a visitor?"

"Yes, a very unexpected one", sagte Clara. "Jet will explain during tea. First, someone has to spread out the tents so they can dry. There was a storm at the camping site." Sie patschte mir auf den Rücken. "And you, sweetie, are going upstairs to take a hot shower. That's an order."

Ich folgte ihrem Befehl sehr gern, denn ich hatte das dringende Bedürfnis, mit meinen Gedanken allein zu sein. Cassie war zurück – zurück in Jets Armen. Ich war nur ein One-Night-Stand gewesen. Es tat entsetzlich weh.

---

editorial department [ˌedɪˈtɔːrɪəl dɪˌpɑːtmənt] Redaktion **retraction** [rɪˈtrækʃn] Widerruf **to pass off sb. as sb.** [ˌpɑːs ˈɒf / əz] jdn. als jdn. ausgeben

Ich rannte die Treppe hoch, riss mir die verschwitzen Klamotten vom Leib und stellte mich unter den lauwarmen Wasserstrahl. Ich schloss die Augen und erinnerte mich daran, wie einsam Jet am Kofferkarussell ausgesehen hatte, nachdem Cassie gegangen war. Und wie er ihr später laufend SMS geschrieben hatte. Ich wusch mir den Kopf und fragte mich, ob es Sinn hätte, um Jet zu kämpfen. Aber man kann Liebe nicht erzwingen. Alles, was ich vielleicht schaffen könnte, wäre, Cassie und Jet auseinanderzubringen, indem ich ihr erzählte, dass er sie mit mir betrogen hatte, wenn auch nur ein einziges Mal. Und dann? Dann wäre er wütend auf mich und alles wäre erst recht aus.

Ich musste die ganze Sache einigermaßen würdevoll hinter mich bringen. Immerhin hatte ich eine Erfahrung fürs Leben gemacht. Den nächsten Urlaub würde ich bis ins kleinste Detail planen, damit das Universum nicht mehr solche grausamen Spiele mit mir treiben konnte.

Fifteen

Ich zog ein paar von den Sachen an, die ich mir selbst gekauft hatte. Ich wollte Cassie nicht in ihren eigenen Klamotten gegenübertreten.

In der Küche hatten sich alle bereits um den großen Tisch versammelt. Nur Henry fehlte. Da auch die Hunde sich bisher nicht blicken ließen, nahm ich an, dass er mit ihnen unterwegs war.

Cassie saß stocksteif da. Sie sah aus, als würde sie sich gern unter dem Tisch verkriechen. So ähnlich hatte ich einmal in einem vornehmen Restaurant gesessen, nachdem mein Gegenüber mich darauf aufmerksam gemacht hatte, dass sich genau über mir eine dicke, fette Spinne abseilte. Ich setzte mich Jet gegenüber neben Clara. Er sah mich kurz an, als wollte er sagen: "I'm really sorry, Angie, but you must understand that this is a difficult situation for me and that I'll have to **stick with** Cassie and help her through this mess." Der Blick, den ich ihm zurückwarf, war genau so beredt: "Go to hell!"

Ich war wütend auf ihn, weil er schon wieder krampfhaft versuchte, es allen recht zu machen, anstatt ein reinigendes Gewitter zuzulassen.

Übung 35: Setzen Sie die folgenden Verben in der richtigen Form und an der richtigen Stelle ein.
(to climb, to mess up, to know, to intend, to introduce, to explore, to make)

Linda schenkte Tee ein und reichte Gebäck herum. "So, would you please **1.** ____________ our guest?"

Jet räusperte sich. "This is Cassandra Furlan, my girlfriend."

"I **2.** ____________ something was wrong." Maureen deutete mit dem Kinn auf mich. "She can't even **3.** ____________ a rope ladder."

Linda begriff den Ernst der Situation sofort. "You have a way of **4.** ____________ things ____________, my son, don't you?" Sie sah mich an. "What is your real name?"

"Angie Perlinger."

---

to stick with sb. ['stɪk wɪð] bei jdm. bleiben

Linda nickte. “I see. So what’s the story behind all this?”

Jet rückte stockend mit der Wahrheit heraus.

Ich starrte die ganze Zeit über in meinen Tee.

“Well, let’s **5.** ____________ the best of it”, sagte Linda. “So we have two guests now.”

“Actually”, begann Cassie. Sie zögerte, wurde rot, fing noch mal an. “Actually, I **6.** *(not)* ____________ to stay. Jet and I were thinking of **7.** ____________ the outback. Weren’t we?”

Hilfe suchend sah sie Jet an. Der wiederum warf mir einen Blick zu, und diesmal konnte ich ihn nicht deuten.
“It’s your holiday”, sagte Linda. “You can spend it any way you want. As for Angie, you are welcome to stay.”
“Thanks”, murmelte ich. Wie lange würde es mir noch gelingen, die Tränen zurückzuhalten?
Linda begann eine lockere Konversation. Zumindest versuchte sie es, aber Cassie war ein “social **klutz**” und nicht in der Lage, unverbindlich Smalltalk zu machen. Jet antwortete meist für sie, was ihr genauso wenig zu behagen schien.
“Did Jet tell you about Linda’s books?”, fragte Rondo.
Cassie nickte. “Yes, uh, Nora Facetwister and her hyperactive dogs, right?”
Ich hielt die Luft an. Wie konnte Cassie nur Linda so beleidigen! Ich wollte losprusten, musste es aber unterdrücken, denn ich spürte, dass mein Lachen schnell in ein haltloses Schluchzen übergehen würde.

---

klutz [klʌts] *(AE)*: Trampel

Linda sah mich an. Ihr ruhiger, verständnisvoller Blick gab mir den Halt, den ich brauchte. Nach einem tiefen Atemzug hatte ich mich wieder unter Kontrolle. Auch Claras warmer Händedruck unter dem Tisch half mir, mich wieder zu fangen.

"Look what I've got." Luke hielt sein Blasrohr hoch.

Mit Kindern kam Cassie noch weniger klar als mit erwachsenen Familienmitgliedern. Sie starrte Luke an, als hätte er eine ansteckende Krankheit.

"Look." Luke lud ein Papierkügelchen in das Blasrohr und setzte es an den Mund.

Cassie zog die Schultern hoch, als hätte sie Angst, dass er auf sie zielen würde, doch er pustete das Kügelchen durch die offene Tür in den Flur. "Oh, Henry's coming back with the dogs." Luke sprang auf und rannte ihnen entgegen.

Es wurde tumultig, denn die Hunde mussten jeden begrüßen und beschnuppern. Linda klärte Henry auf, wer der neue Gast war.

Als wieder Ruhe eingekehrt war, fragte Maureen Cassie: "Can you climb a rope ladder?"

Cassie zog die Augenbrauen zusammen. "Of course I can climb a rope ladder. I can climb absolutely everything."

Maureen zog Luke am Ärmel. "Okay, then come and we'll show you Jet's tree house."

"I'll show her", sagte Jet, der bemerkte, wie Cassie sich gegen Luke und Maureens Aufforderung sperrte.

Doch Linda hielt ihn mit einem strengen Blick auf seinem Stuhl. "We've got to talk, son."

Ich war inzwischen kaum noch in der Lage, meine Gefühle zu kontrollieren. "Could I check my e-mails?", fragte ich Rondo.

"Sure."

"Thanks." Ich verschwand in seinem Arbeitszimmer.
Dort saß ich lange vor dem angeschalteten PC und sah dem Bildschirmschoner zu, der bizarre Muster malte. Genauso war mein Leben: bizarr, formlos, vergänglich.
Auch wenn Linda mir freundlicherweise angeboten hatte zu bleiben, würde ich natürlich abreisen. Ich wollte möglichst viel Abstand zwischen Jet, seine Familie und mich bringen. Australien war groß genug. Während er und Cassie das Outback erforschten, würde ich mir noch ein paar schöne Tage in Sydney machen und so tun, als wäre die Harbour Bridge einfach nur eine Brücke und nicht der Ort, an dem ich mich so heftig verliebt hatte wie noch nie zuvor.
Ich erhob mich. "Kofferpacken", sagte ich mir vor. "Clara fragen, ob sie mich in die Stadt fahren kann. Ein Hotel finden." Okay, das war genug Planung für den Rest des Tages. Danach würde ich weitersehen.
Auf dem Weg zur Treppe hörte ich Stimmen aus der Bibliothek. Nein, es gehört sich nicht zu lauschen. Aber wenn man die Stimme des Mannes hört, den man liebt, dann lässt es sich gar nicht verhindern. Es ist ein Naturgesetz, dass man von einer geliebten Stimme magisch angezogen wird. Eines Tages würde ich darüber einen Artikel schreiben, aber jetzt schlich ich erst mal näher an die Tür, die einen Spalt offen stand.
"Couldn't you do it for me?", hörte ich Jet. Der warme Klang seiner Stimme war wie ein wohliges Rieseln in meinem Körper.
"No way!" Das war Linda.
"Maybe I shouldn't tell her at all. I could wait for her to find out for herself that I don't love her."
Mein Herz stockte, ich vergaß zu schlucken, und als mein Herzschlag wieder einsetzte, hätte ich mich fast an meinem eigenen Speichel verschluckt. Er wollte mir sagen, dass er sich

nichts aus mir machte. Das heißt, er wollte es mir eigentlich nicht sagen, aber davon wurde es auch nicht besser.
Ich hörte noch, wie Linda sagte: "It's no use pretending you're in love when you're not. You have to follow your heart." Dann folgte ich ebenfalls meinem Herzen.
Ich lief in Halleys Atelier, das in einem Nebengebäude lag. Dort wollte ich mich in meinem Liebeskummer vor den anderen verstecken.
Halley war nicht da. Gut so, denn ich musste jetzt allein sein. Ich wanderte zwischen den Leinwänden und Skulpturen herum und nahm flüchtig wahr, dass Halley ein tolles Gefühl für Farbstimmungen hatte und einen grandiosen Blick für Details. Ich entdeckte eine Kohlezeichnung, die Füße darstellte.
Am sonnigsten Fleck des Raums stand ein halb fertiges Bild auf einer Staffelei. Es zeigte eine Landschaft mit rotem Gestein. Ob das ein neues Cover für ein Nova-Spacetwister-Abenteuer werden sollte?
Ich entdeckte das Manuskript auf einem Tisch. Nein, kein Nova-Roman, aber sicher auch sehr interessant.

Übung 36: Setzen Sie die folgenden Begriffe an der richtigen Stelle ein.
*(**skeleton**, **dismay**, expedition, being, **floes**, rocks)*

The Mars Mystery

Lars Linneman

The first **manned** **1.** ___________ is landing on Mars. To their great **2.** ___________ they find not only the red

---

skeleton ['skelɪtən] Skelett **dismay** [dɪs'meɪ] Entsetzen **floe** [fləʊ] Eisscholle **manned** [mænd] bemannt

3. ___________ and underground ice **4.** ___________ that they were expecting, but also a **5.** ___________. On closer inspection there can be no doubt that it belonged to a human **6.** ___________.

How is this possible when they are the first people to land on Mars? Who was there before them? Will they find any more skeletons? And who or what killed the poor man?

Unter normalen Umständen hätte ich mich sofort neugierig auf das Manuskript gestürzt, aber ich schaffte es kaum, die Zusammenfassung komplett durchzulesen. Alles verschwamm vor meinen Augen. Hastig griff ich nach einem Tuch und wischte mir die Tränen weg.
"There's fresh paint on it", sagte Halley, die gerade zur Tür hereinkam.
"What? Where?"
"The cloth you used has red paint on it. I'll take care of it."
Mit einem sauberen Tuch wischte sie mir die Farbe unter den Augen weg.
"Thank you. Are these my feet?" Ich musste dringend über etwas Unverfängliches reden.
"Yes. They're fantastic, aren't they?"
Ich sah auf meine stinknormalen Füße, fühlte mich plötzlich entsetzlich gerührt und brach in Tränen aus. "I love him so much and he ... he doesn't have the guts to tell me he doesn't love me and ... and I can't live without him."
Halley nahm mich in den Arm, streichelte mir sanft den Rücken und murmelte: "There, there", wie man es bei kleinen Kindern tut, um sie zu beruhigen.

"This is all so terribly embarrassing", schluchzte ich. "You must hate me."
"Not at all. I like you a lot better than Cassie. She didn't let me do any sketches of the back of her head even though I told her she had remarkable **earlobes**."
Ich lachte unter Tränen.
"And after all it was Jet's idea to introduce you as his girlfriend." Sie reichte mir das saubere Tuch, damit ich mich schnäuzen konnte. "There's great chemistry between the two of you. I think you should tell him how you feel about him. Men don't notice these things. You have to hit them over the head with it. I had to tell Henry three times that I was in love with him before he noticed I was even talking to him."
Wieder lachte ich, diesmal schon überzeugender. "Okay, I won't give up. I'll go and talk to him." Ich bedankte mich bei Halley und versprach ihr, dass ich ihr meine Füße testamentarisch vermachen würde.
Auf dem Weg zum Haus lief ich Maureen über den Weg, die gerade die Hunde daran zu hindern versuchte, die Zelte wegzuzerren, die inzwischen jemand zum Trocknen ausgebreitet hatte. "Where's Jet?", fragte ich sie.
"I don't know."
"And where's Cassie?"
"I don't care. She said I looked like a **koi** with a stupid **pout**. Is that true?"
"Let's see. Try to smile."
Maureen zog die Mundwinkel etwas zur Seite und hob die Augenbrauen unnatürlich an.
"Wider", sagte ich.

---

earlobe [ˈɪələʊb] Ohrläppchen **koi** [kɔɪ] Koi **pout** [paʊt] Schmollmund

Jetzt zog sie die Mundwinkel in die Höhe und die Augenbrauen verschwanden unter ihrem Pony.

“No, it doesn’t suit you at all. You look better when you’re pouting because it makes you look naturally **sincere**.”

Maureen strahlte übers ganze Gesicht und sah plötzlich richtig hübsch aus. Mit einem “Thank you” stob sie davon.

Etwas flog an mir vorbei und landete auf dem Zelthaufen. Es war eine der Papierkugeln, die Jet und Luke beim Frühstück geknüllt hatten. Die Hunde flippten aus und versuchten, die Kugel zu schnappen.

Luke erschien neben mir, scheuchte die Hunde weg und sammelte die Kugel wieder ein. “You’re looking for Jet?”

“Yes.”

“He’s in the tree house. I wanted to climb up with him but he said he needed to be alone.”

Plötzlich wurde mir ganz leicht und zugleich schwer ums Herz. Ich wollte auch so ein Kind, und ich wollte es von Jet. Und falls wir ein Mädchen bekämen, würden wir es Nova Clara Spacetwister nennen.

“Could you show me how to climb the rope ladder again?”

“**Sure as hell**”, sagte er. “I’ll teach you all the tricks.”

Übung 37: Setzen Sie die Übersetzung der in Klammern genannten Ausdrücke in die Lücke ein.

1. Cassie didn’t let Halley draw ____________ *(Skizzen)* of the back of her head.

2. Cassie told Maureen that she ____________ *(aussehen)* a koi when she pouted.

---

sincere [sɪnˈsɪə] ehrlich **Sure as hell.** [ˌʃɔː əz ˈhel] Aber sicher doch.

3. Cassie ____________ *(verwechseln)* the name of Linda's character Nova Spacetwister.

4. Cassie has managed to ____________ *(beleidigen)* nearly everyone in Jet's family.

5. Cassie wants to ____________ *(verschwinden)* with Jet into the outback.

Bang, aber wild entschlossen, es diesmal zu schaffen, folgte ich ihm zu dem Baum. Wenn ich Jet bewies, dass ich seinetwegen sogar bereit war, meine Höhenangst zu überwinden – also, jedenfalls diesen kleinen Anflug von Höhenangst, an dem ich zuweilen litt –, dann hatte ich vielleicht noch eine Chance bei ihm.

Sixteen

Luke zeigte mir erst in Zeitlupe, dann immer schneller seine Klettertechnik. Mit dem Blasrohr, das er sich quer zwischen die Zähne geklemmt hatte, erinnerte er mich an einen Seeräuber, der mit einem Messer zwischen den Lippen eine Schiffswand erklimmt.

Als ich dran war, versuchte er mich mit guten Ratschlägen aufzumuntern: "Do it, just do it. One more step. Right. That's perfect. You're gonna make it to the top. Go, go. And don't look down."

Der Drang, nach unten zu sehen, war wirklich fast übermächtig, aber ich lenkte mich ab, indem ich an Janes Tai-Chi-Anleitung dachte: "Empty your mind. Concentrate on your **posture**. Lightly tense your **pelvic floor muscles**. Move your body gently, as if **floating** on a cloud."

Und dann war ich plötzlich oben, schob mich auf die breite Plattform, die dem Baumhaus als Veranda diente, und blieb bäuchlings liegen, keuchend wie ein Bergsteiger in der Todeszone des Mount Everest.

"Luke, I told you I ... oh, it's you, Angie. Are you okay?"

"Fine", hauchte ich.

Jet hob mich hoch und trug mich durch einen engen Eingang ins Baumhaus. Dort legte er mich auf ein Matratzenlager.

"I've come to tell you I love you." Meine Liebeserklärung ging fast unter, so sehr schnappte ich nach Atem. Dafür ging die Sonne in Jets Gesicht auf. Sein plötzliches, zärtliches Lächeln war wie ein Morgen in der Wüste. Nicht, dass ich je einen Sonnenaufgang in der Sahara gesehen hätte, aber man hat ja Fantasie. Ich stellte mir vor, wie die Dünen im flimmernden Morgenlicht rot aufleuchteten und harte Schatten warfen. Eidechsen huschten lautlos über den Sand. Am Horizont trabte im Gegenlicht ein Kamel vorbei.

"I love you too", sagte er.

"But I thought ... I thought you and Cassie ... and you wanted your mum to tell me you weren't in love with me."

"You heard that? No, I wanted her to tell Cassie. I realized I didn't love her any more. I thought I could make mum do the dirty work for me, but she refused. So I had to do it all on my own. God, you have no idea what an effort that cost me, but it was over **in a flash**. Cassie **slapped** me and left."

---

posture ['pɒstʃə] Körperhaltung **pelvic floor muscle** [ˌpelvɪk 'flɔː mʌsl] Beckenbodenmuskel **to float** [fləʊt] treiben
in a flash [ˌɪn ə 'flæʃ] im Nu **to slap sb.** [slæp] jdn. ohrfeigen

Ich streichelte seine Wange. “When did you first fall in love with me?”
“I started falling in love with you on the plane, and the feeling got stronger each day. I was about to tell you I love you when we got to the top of Harbour Bridge, but that’s when you collapsed.”
Das war das mieseste Timing, dass ich je in meinem Leben bewiesen hatte. Dafür war das Timing jetzt umso besser. Wir waren allein, wir schwebten durchs All in einem Baumhaus, losgelöst vom Rest der Welt. So fühlte es sich an, als wir uns erst küssten, dann streichelten und schließlich liebten.
Danach hatte ich allerdings ein sehr weltliches Problem. “I don’t know how to get down again”, sagte ich, als ich mich wieder anzog und dabei merkte, dass ich hungrig war.
Jet grinste. “So you finally admit that you’re scared of heights.”
“No, you make me dizzy.”
Er strich mir eine Haarsträhne aus dem Gesicht. “When will you finally stop denying that you’re afraid? Being scared is nothing to be ashamed of. Remeber Jane. She was completely relaxed about her fears. She even admitted she was scared of storms, something that many people would think is childish.”
“Well, okay, I am scared to death and I’ve just decided not to climb down. It’s absolutely impossible. I’ll have to spend the rest of my life up here. I’ll have kids in the tree house and raise them and tell them that there’s a mysterious real world that can be reached by a magical ladder.”
Ich verschränkte die Arme vor der Brust. “Are you happy now?”

"Yes, **delirious**. I'll go and get help. Promise to wait and not to try any nonsense."
"What kind of nonsense? I'm certainly not going to spit on people from up here."
Ich beobachtete bang, wie Jet sich über den Rand der Plattform schwang. Lachend und kopfschüttelnd verschwand er in der Tiefe.
Ich kroch wieder ins Baumhaus zurück und lenkte mich mit sinnlosen Fragen ab. Zum Beispiel: Wie hatten Clara und Jet das Material für das Baumhaus eigentlich hier hochgebracht, vor allem die Leiter? Strickleitern wachsen ja nicht an Bäumen, nicht mal auf einem Kontinent, auf dem die Tiere Beutel haben.
Wenige Minuten später kam mein Rettungstrupp, bestehend aus Jet, Clara und jeder Menge Seile.
"Here's the plan", sagte Clara. "I'll tie a harness around your legs and hips. Then Jet will secure the rope and keep it tight all the time. I'll be below you as we both climb down. My weight will stabilize the rope ladder, so it won't swing. You have nothing to fear. If you **lose** your **grip**, Jet will be holding on to you from above."
So kam ich doch noch zu einem Abseiling, wenn auch ganz anderer Art. Der schwierigste Teil war der Anfang, dieser knifflige Moment, wenn man sich über einen Rand ins Nichts bewegt.
Als Clara und ich unten angelangten, stand die ganze Familie ums Baumhaus und applaudierte.
Ich setzte mich zitternd auf den Boden und bat mit letzter Kraft: "Could I please have a big plate of potato salad?"

---

delirious [dɪ'lɪərɪəs] überglücklich **to lose one's grip** [ˌluːs wʌnz 'grɪp] den Halt verlieren

Seventeen

Die nächsten Tage waren traumhaft schön, genau so, wie man sich Urlaub vorstellt. Und erst die Nächte! Ich wusste ein solides Bett mit Bodenkontakt jetzt richtig zu schätzen.
Unsere Unternehmungen waren erholsam, abwechslungsreich und herrlich romantisch, auch wenn Clara sich mit einem fröhlichen Augenzwinkern beschwerte, dass meine Vorstellung von Freizeitgestaltung nichts enthielt, was würdig wäre, in ihre Memoiren aufgenommen zu werden. Doch als ich sie dann zu einem Nachmittag bei Jane in ihrem Tai-Chi-und-Qigong-Zentrum mitnahm, wo wir in einem wunderschönen Garten mit Blick auf die Harbour Bridge mit einer Gruppe Anfänger üben durften, fand Clara, dass auch ruhige Aktivitäten ihren Reiz hatten. "When I'm ninety, I'll definitely book a class here."
Wir buchten unsere Rückflugtickets um und blieben ein paar Tage länger, um Cassie am Flughafen nicht über den Weg zu laufen.
Als ich mich am letzten Urlaubstag von den Cormans verabschiedete, fiel mir das ungeheuer schwer. Diesmal war mein Handgepäck umfangreicher als auf dem Hinflug, denn ich bekam Abschiedsgeschenke: von Luke einen Bumerang, den er selbst geschnitzt hatte, und von Halley ein Porträt meines großen Zehs. Maureen hatte für mich Selbstbräuner besorgt. Linda bot an: "You can take as many books as you like from my library."

Übung 38: Ergänzen Sie die Sätze mit "much" oder "many".

1. There aren't as __________ clothes in Angie's wardrobe as there are in Cassie's.

2. __________ of Australia is **termed** the outback.

3. __________ Australians call each other bastards.

4. How __________ stars are there in the Milky Way?

5. How __________ does it cost to fly to Australia?

6. Angie can't do as __________ sports as Clara.

Während Jet das Gepäck verstauen ging, wählte ich drei Sachbücher aus, an denen ich mich stilistisch bei meinem eigenen Projekt im Schreibstil orientieren konnte: "An **Unrefutable** Proof that the Chinese Wall is an Optical Illusion", "Time Travel Guide – the Best Historical Moments for Temporal Sightseeing" und "Fourty Things to do on Mars or Any Other Red Planet With Low Gravity".
Dann war ich startklar, aber Jet war nirgends zu sehen. Typisch, dachte ich, immer muss man auf die Männer warten. Schließlich hörte ich seine Stimme aus Rondos Arbeitszimmer. Ich schaute rein. Jet und Rondo saßen am PC.
"It's a bit late to start a new breakthrough in nanotechnology. Our plane is departing in ..."
"We're only uploading the videos from my camera", sagte Jet. "Won't be a minute."
Das gab mir Zeit, mich auch noch von der Botanik zu verabschieden. Maureen, Luke und die Hunde begleiteten mich bei meinem Rundgang. Maureen fand es inzwischen völlig normal, dass ich Pflanzen küsste. Ich umarmte auch den Baum, in dessen Wipfel das Baumhaus stand. "Goodbye, southern sky", sagte ich zu den Wolken. "I'll be back next year."

---

to be termed sth. [biː ˈtɜːmd] als etw. bezeichnet werden
unrefutable [ˌʌnˈrefjʊtəbl] unwiderlegbar

Als ich zum Wagen kam, saß Jet bereits am Steuer. Ich war kaum eingestiegen, da ließ er den Motor an und brauste davon. Er drehte sich nicht mal um, um seiner Familie zuzuwinken. Ich dachte mir zunächst nichts dabei. Womöglich hatte er Angst, in Tränen auszubrechen vor lauter Abschiedsschmerz. Doch als ich ein paar Meilen später seinen Gesichtsausdruck genauer studierte, kam es mir so vor, als wäre er wütend.

"Is anything the matter?"

"No", war die knappe Antwort.

"But why are you angry?"

"I'm not angry", presste er hervor.

Hier stimmte etwas ganz und gar nicht. Ich wartete eine Weile, ob er von sich aus etwas sagte, doch als er beharrlich schwieg, bohrte ich nach. "What happened in Rondo's study? Is something wrong with our theory? Or did Cassie call to say she'd **sue** you because of the article? Come on, talk to me."

Er starrte stur auf die Straße. "Just leave me alone, will you?"

Versöhnlich legte ich meine Hand auf seinen Arm. "Is it something I did or said?"

Er schüttelte meine Hand ab. "Yes, it is, but I don't want to discuss it now. I'm still **livid**."

Das war doch nicht zu fassen! Man konnte einen Streit doch nicht einfach verschieben auf später, wenn die Wut verraucht war. "Tell me now. Tell me to my face. It's easier to **cope with** your rage than some kind of icy silence."

Er schlug mit der Hand aufs Lenkrad. "How could you do it?"

Gott, er war wirklich stinksauer. So hatte ich ihn noch nie

---

to sue sb. [suː] jdn. verklagen **livid** [ˈlɪvɪd] wütend **to cope with sth.** [ˈkəʊp wɪð] mit etw. klarkommen

erlebt. Jet war das krasse Gegenteil eines Cholerikers – und jetzt dieser Ausbruch, den er auch noch unter Kontrolle zu halten versuchte.

"How could I do what?"

"You risked your life. It was completely bonkers."

"You sound like Rondo when he talks about Clara. But I didn't go rafting or riding in a rodeo. So what the hell is the matter?"

"The video."

"Talk in complete sentences, for heaven's sake." So langsam entglitt mir die Stimme in Richtung schrill und laut. "Which video?"

"The one you took when I was abseiling. What the bleeding hell do you think you were doing?" Er fetzte nur so den Gang rein, als er an einer Kreuzung langsamer wurde. "You must have been leaning right over the edge of the cliff to film me. What if you had lost consciousness?"

"Jane was holding my legs."

"Jane is half your weight. She could never have held you."

"I wasn't going to faint. I was in control. I'm not scared of heights", brüllte ich.

"Yes, go on denying you're afraid and then you get yourself into risky situations – you think you're **immortal**", sagte er bitter. "God, you're stubborn."

Er klang ein kleines bisschen weniger sauer, aber er war immer noch weit von seinem üblichen Harmoniebedürfnis entfernt. So sehr es mich freute, dass er sich Sorgen um mich machte, so sehr ärgerte mich die Bevormundung. "Nothing happened. You're **getting** all **het up over** nothing."

---

immortal [ɪ'mɔːtl] unsterblich **to get het up over sth.** [get ˌhet 'ʌp əʊvə] sich über etw. aufregen

Dazu sagte er nichts mehr. Ich verschränkte die Arme vor der Brust und schwieg ebenfalls. Das Schweigen dauerte an, als er den Mietwagen zurückbrachte. Es lag immer noch zwischen uns, als wir eincheckten und ich mir absichtlich einen Platz weit weg von ihm geben ließ.

"But you need my protection", protestierte er.

"You're not the bloody flight captain", zischte ich und ging voraus zur Sicherheitskontrolle. Es tat mir körperlich weh, von ihm getrennt zu sein, aber ich biss die Zähne zusammen, arbeitete mich durch mehrere Duty-free-Shops und zwang mich dabei, mich nicht nach ihm umzudrehen. Am Gate tat ich so, als wäre ich in eines der Bücher vertieft. Erst als ich im Flugzeug neben einem älteren Eheepaar meinen Platz einnahm, wurde mir bewusst, dass ich ohne ihn tatsächlich nicht abheben konnte. Ich stand auf und musterte die Köpfe der Passagiere. Ich geriet in Panik.

"Jet?", rief ich.

"No, it's not a jet, it's a Boeing", witzelte einer der Fluggäste.

Was sollte ich nur tun? Vielleicht war er dageblieben? Oder er war Cassie begegnet, die vielleicht auch heute zurückflog, und hatte erkannt, dass er nur mit einer absolut schwindelfreien Frau glücklich werden konnte?

"Here's your flight captain speaking", kam es über die Lautsprecher. "I've got an important message for Angie Perlinger."

Was, wie? Ich stand immer noch, und an der Art, wie ich die Augen aufriss, mussten alle erkennen, dass ich gemeint war. Ich wurde angestarrt. Ich ahnte, was jetzt gleich passierte. Jet, der elende Feigling, würde mit mir Schluss machen. Und da Linda nicht da war, ließ er den Captain die Botschaft überbringen.

"Here's someone who wants to talk to you", sagte der Captain.
"Angie." Das war Jets Stimme. Mir wurde heiß. "Angie, you know I can't stand **being cross with** someone, especially not someone I love. And since this is the worst fight I've ever been on, I have to think of some way of making up. So here goes – Angie, will you please marry me?"
Mein "Yes" ging im Applaus der Passagiere unter.

Übung 39: Bringen Sie die folgenden Ereignisse in eine chronologische Reihenfolge.

a. ☐ Jet uploaded some videos.
b. ☐ Jet and Angie had a big fight.
c. ☐ Jet told Angie that he was in love with her.
d. ☐ Jet proposed marriage.
e. ☐ Jet broke up with Cassie.
f. ☐ Angie managed to climb up to the tree house.
g. ☐ Jet and Angie **set off** to the airport.
h. ☐ Jet and Angie sat in separate seats on the plane.
i. ☐ Jet got really angry with Angie.

Eighteen – One Year Later

"How many **screws** are in this **bowl**?" Willow hielt mir ein Foto aus einer Zeitschrift vor die Nase, auf dem eine riesige Glaskugel abgebildet war, die rätselhafterweise fast randvoll war mit Schrauben.
"One million. Why?"

---

to be cross with sb. [biː ˈkrɒs wɪð] auf jdn. böse sein **to set off** [ˌset ˈɒf] aufbrechen **screw** [skruː] Schraube **bowl** [bəʊl] Schale

"A new **Do-It-Yourself store** is opening and they're having a guessing contest."
"In that case you should ask as many people as possible", riet ich ihr. "I read an article on statistics recently. When you get lots of people to guess at something, the average of their guesses will be amazingly close to the actual solution."
Wir saßen im Hinterzimmer von *Willow's Submarine*. Draußen stürmte es, hier drinnen war es urgemütlich. Ein paar von Willows neuesten Kreationen leisteten uns auf den grünen Plüschsesseln Gesellschaft. Nach meiner Australienreise hatte Willow die Idee gehabt, Beuteltiere zu nähen, allerdings nicht die üblichen Kängurus und Koalas, sondern Beutelkäfer, Beutelschnecken, Beutelameisen und andere Fantasietiere, die in der Natur garantiert nicht vorkamen, jedenfalls nicht auf unserem Planeten. Linda, der ich davon am Telefon erzählt hatte, war dadurch sofort zu einem neuen Plot für einen Nova-Spacetwister-Roman inspiriert worden, "The Dangerous Pouch People."
"Okay", sagte Willow. "My estimate was two hundred thousand. So I'll write six hundred thousand, that's the average between our guesses."
"Two guesses aren't enough for reliable statistics", gab ich zu bedenken.
Sie trug die Zahl dennoch ein. "I don't want to win the **hammer drill**, anyway."
Bestimmt würde ihr der erste Preis in meinem Preisausschreiben besser gefallen. Aber davon wusste sie noch nichts. Das würde sie erst erfahren, wenn die Bücher end-

---

Do-It-Yourself store [ˌduːɪtjɔːˈself stɔː] Baumarkt **hammer drill** [ˈhæmə drɪl] Schlagbohrmaschine

lich da waren. Linda hatte sie vor einem Monat abgeschickt, aber sie waren irgendwie beim Zoll hängen geblieben. Jet war heute früh hingefahren, um sich der Sache anzunehmen. Mit seiner angeborenen Diplomatie würde er es schon schaffen, die Lieferung dort loszueisen.

Es klingelte am Hintereingang. Ich raste hin und zog die Tür auf. Triefnass und mit einem durchweichten Pappkarton in der Hand stand Jet da.

Ich ließ ihn rein, küsste seine nasse Backe und schob ihn ins Hinterzimmer, wo Willow bereits einen Tisch freigeräumt hatte, indem sie meine Wissenschaftsjournale einfach auf den Boden gefegt hatte. Egal, das hier war wichtiger.

"I hope the books didn't get wet."

"Don't worry, darling, they're **shrink-wrapped**", sagte Jet. Er nahm Willow den Kugelschreiber ab und fuhr damit unter den Rand des Deckels. "Please don't scream when you see it."

"Huh?" Ich trat sicherheitshalber einen Schritt zurück.

"Clara put a huge dead spider in the parcel, for Willow as an inspiration for a toy spider with a pouch. That's what caused the delay at **customs**.

Übung 40: Strange but true – setzen Sie die folgenden Substantive (die alle mit "s" wie "strange" anfangen) an der richtigen Stelle ein.

(strange, species, side, symptoms, stomach, stories, spider)

They had to be certain that the **1.** ________________ didn't belong to an **endangered** **2.** ________________."

---

shrink-wrapped ['ʃrɪŋkˌræpt] in Plastikfolie eingeschweißt **customs** ['kʌstəmz] Zoll **endangered** [ɪn'deɪndʒəd] vom Aussterben bedroht

Jet nahm die Spinne, die in einem Folienbeutel lag, aus dem Paket und reichte sie an Willow weiter.

"**Cute**", meinte die, verstaute sie aber rücksichtsvollerweise gleich in einem Schrank.

Ich atmete wieder ruhiger, trat näher und nahm das oberste Buch in die Hand, eins von zwanzig identischen:

Fifty-five Bizarre **3.** ________________ Effects of Falling in Love

Angie Perlinger

Your heart is beating loudly, you have butterflies in your **4.** ________________ and **tingling** fingertips – we all know these common **5.** ________________ of falling in love. But some people experience love in a totally different way. They undergo **6.** ________________ character changes or eat only carrots for a week. Angie Perlinger, also a victim of one of love's undesirable **hazards**, has collected **mind-blowing** **7.** ________________ from all over the world.

Jet befreite das Buch von der Folie, in die es eingeschweißt war. Auf dem Cover prangten meine Füße, gemalt von Halley. Jeder Zeh war in einer anderen Farbe lackiert. Das

---

cute [kju:t] niedlich **tingling** ['tɪŋglɪŋ] kribbelnd **hazard** ['hæzəd] Risiko **mind-blowing** ['maɪnd,bləʊɪŋ] atemberaubend

hatte durchaus mit dem Inhalt zu tun, denn es gab eine Story über eine Frau, die den Tick hatte, sich bei akutem Verliebtsein die Nägel so bunt zu lackieren. Allerdings hatte ich mir das nur ausgedacht, um Halley Gelegenheit zu geben, meine Füße auf dem Cover zu verewigen. Um den Schwindel moralisch vor mir selbst zu rechtfertigen, hatte ich am Ende des Buches einen Preis ausgeschrieben. Es galt zu erraten, welche der 55 Geschichten nur geflunkert war.
Willow riss mir das Buch aus der Hand, blätterte und entdeckte sofort das Preisausschreiben.
"First prize", las sie vor, "a romantic twilight Harbour Bridge Climb in Sydney. Oh, that's **marvellous**." Sie fing sofort an, die Teilnahmekarte auszufüllen.
Ich ließ meine Hand in Jets gleiten. Er lächelte mich zärtlich an. Wir dachten in diesem Moment beide dasselbe. Es war noch keine zwei Monate her, da hatten wir gemeinsam noch einmal auf dem höchsten Punkt der Harbour Bridge gestanden. Auch da waren wir wieder in die Zeitung gekommen, sogar mit einem Foto. Diesmal lautete die Überschrift: "First Wedding Ceremony Ever Held on Harbour Bridge".

---

marvellous ['mɑːvələs] wundervoll

Lösungen

Übung 1

1. false, 2. false, 3. true, 4. false, 5. true, 6. false

Übung 2

1a, 2c, 3c, 4c (the fox was introduced into Australia by the colonizers), 5b, 6b (Australians in general are known as Aussies)

Übung 3

1. had, 2. would, 3. wear, 4. look, 5. happens, 6. meet

Übung 4

1. unlucky, 2. masculine, 3. irresistible, 4. dry, 5. worse, 6. wrong

Übung 5

1h. tried, 2a. selected, 3g. asked, 4d. booked, 5f. packed, 6b. drove, 7c. admitted, 8j. advised, 9i. joined, 10e. noticed

Übung 6

1d, 2e, 3f, 4a, 5c, 6b

Übung 7

1. reason, 2. fear, 3. flight, 4. truth, 5. holiday, 6. sacrifice, 7. destination, 8. grandma

Übung 8

1. pork, 2. creepy-crawly, 3. thrilled, 4. ugly, 5. whisper, 6. aisle

Übung 9
1. in, 2. up, 3. with, 4. between, 5. of, 6. on

Übung 10
1. creative, 2. considerate, 3. rude, 4. surprised, 5. picture-perfect, 6. clinging

Übung 11
1a. lent, 1b. borrowed, 2a. risen, 2b. raised, 3a. currently, 3b. actually, 4a. at least, 4b. At last

Übung 12
1b, 2e, 3d, 4a, 5f, 6c

Übung 13
1c, 2e, 3b, 4d, 5a

Übung 14
1b, 2c, 3c, 4b

Übung 15
1. true, 2. false, 3. false, 4. true, 5. true, 6. false

Übung 16
1b, 2f, 3d, 4e, 5a, 6c

Übung 17
1. pie, 2. trolley, 3. merrier, 4. picture, 5. limpet

Übung 18
1. practically, 2. categorically, 3. right, 4. rightly, 5. crazy, 6. awkwardly

Übung 19

1. entire, 2. different, 3. youngest, 4. hyperintelligent, 5. unknown, 6. major

Übung 20

1. Angie, Cassie, 2. Angie, Cassie, 3. Angie, 4. Cassie, 5. Cassie, 6. Angie

Übung 21

1. perfection, 2. apology, 3. promise, 4. threat, 5. punishment, 6. revolution, 7. denial, 8. reply

Übung 22

2. a more exciting trip, 3. a crazier idea, 4. a more disrespectful remark, 5. a cheekier boy, 6. a more athletic figure, 7. a more remote destination

Übung 23

1. heights, 2. difference, 3. metres, 4. harbour, 5. bridge, 6. rope ladders, 7. fault, 8. behaviour

Übung 24

1. highest, 2. lowest, 3. biggest/largest/heaviest, 4. tallest/biggest

Übung 25

1b, 2d, 3j, 4g, 5a, 6f, 7i, 8k, 9c, 10h, 11e

Übung 26

Wir schlagen vor: c – aber Humor ist Geschmackssache!

Übung 27

1. Diving, 2. Camping, 3. Fishing, 4. Skiing, 5. Hang gliding, 6. Hiking

Übung 28

1. cozzie, 2. non-fiction, 3. womanizer, 4. Extreme, 5. truth, 6. sealed

Übung 29

1. lips, 2. game, 3. fool, 4. red, 5. narrow, 6. gloves

Übung 30

1d, 2e, 3f, 4c, 5b, 6a

Übung 31

1. bizarre, 2. several, 3. raw, 4. posh, 5. romantic, 6. small, 7. strict, 8. vegetarian, 9. hungry

Übung 32

1. true, 2. true, 3. true, 4. false, 5. true, 6. false

Übung 33

1. made, 2. was, 3. was snoring, 4. could, 5. left, 6. have made

Übung 34

2. Where did Angie faint? 3. Whose clothes was Angie wearing? 4. What did a thief steal? 5. Who was Jet worried about? 6. Who gave Angie a dirty look?

Übung 35

1. introduce, 2. knew, 3. climb, 4. messing up, 5. make, 6. don't intend, 7. exploring

Übung 36

1. expedition, 2. dismay, 3. rocks, 4. floes, 5. skeleton, 6. being

Übung 37

1. sketches, 2. looked like, 3. mixed up, 4. insult, 5. disappear

Übung 38

1. many, 2. Much, 3. Many, 4. many, 5. much, 6. many

Übung 39

1e, 2f, 3c, 4a, 5g, 6i, 7b, 8h, 9d

Übung 40

1. spider, 2. species, 3. Side, 4. stomach, 5. symptoms, 6. strange, 7. stories

"Lernschmökern" auf Englisch

Jetzt neu!

Three Cocktails and a New Life – Drei Cocktails und ein neues Leben

Frauenroman, ab A2
Von Dagmar Puchalla

Dangerous Words – Gefährliche Worte

Historischer Roman, ab A2
Von Charlotte und Alan Lyne

Love on Board – Liebe an Bord

Frauenroman, ab B2
Von Christine Spindler

Liebe Leserinnen und Leser,

Die einzelnen Titel aus der Reihe Lernschmöker sind den sechs verschiedenen Niveaustufen des Gemeinsamen Europäischen Referenzrahmens für Sprachen zugeordnet. Welcher Niveaustufe dieser Titel angehört, können Sie der Angabe auf dem Cover bzw. Buchrücken entnehmen.
Die Niveaustufen bedeuten:
A1/A2: *Elementare Sprachverwendung*, d.h.
A1: Sie können einzelne Wörter und ganz einfache Sätze verstehen.
A2: Sie können ganz kurze und einfache Alltagstexte lesen.
B1/B2: *Selbstständige Sprachverwendung*, d.h.
B1: Sie verstehen Texte, in denen v.a. sehr gebräuchliche Alltags- und Berufssprache vorkommt.
B2: Sie verstehen zeitgenössische literarische Prosatexte.
C1/C2: *Kompetente Sprachverwendung*, d.h.
C1: Sie verstehen Sachtexte, technische Fachartikel sowie literarische Texte.
C2: Sie verstehen jede Art geschriebener Texte, auch wenn sie inhaltlich und sprachlich komplex sind.

Sollten Sie ganz genau wissen wollen, welche Niveaustufe für Sie geeignet ist, so finden Sie auf unserer Website unter www.langenscheidt.de sowohl eine kompakte Beschreibung der einzelnen Referenzniveaus als auch eine Orientierungshilfe zur Selbstbeurteilung in Bezug auf die verschiedenen Niveaustufen.
So können Sie die Lektüre wählen, die ideal auf Ihre Sprachkenntnisse und Bedürfnisse zugeschnitten ist.
Viel Spaß beim Lernschmökern!

Ihre Langenscheidt-Redaktion